内蒙古财经大学统计与数学学院学术丛书

金融中介服务
核算问题

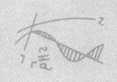

杜治秀　杜金柱◎著

ACCOUNTING FOR FINANCIAL
INTERMEDIARY SERVICES

经济管理出版社
ECONOMY & MANAGEMENT PUBLISHING HOUSE

图书在版编目（CIP）数据

金融中介服务核算问题/杜治秀，杜金柱著 . —北京：经济管理出版社，2019. 12
ISBN 978 - 7 - 5096 - 4451 - 5

Ⅰ. ①金…　Ⅱ. ①杜…②杜…　Ⅲ. ①金融业—中介服务—国民经济核算—会计方法　Ⅳ. ①F830. 39

中国版本图书馆 CIP 数据核字（2019）第 301786 号

组稿编辑：王光艳
责任编辑：许　兵
责任印制：黄章平
责任校对：董杉珊

出版发行：经济管理出版社
　　　　　（北京市海淀区北蜂窝 8 号中雅大厦 A 座 11 层　100038）
网　　　址：www. E - mp. com. cn
电　　　话：（010）51915602
印　　　刷：北京晨旭印刷厂
经　　　销：新华书店
开　　　本：710mm × 1000mm/16
印　　　张：11. 5
字　　　数：208 千字
版　　　次：2020 年 6 月第 1 版　　2020 年 6 月第 1 次印刷
书　　　号：ISBN 978 - 7 - 5096 - 4451 - 5
定　　　价：68. 00 元

内蒙古财经大学统计与数学学院学术丛书

编委会

总主编：杜金柱

编委会：王春枝　郭亚帆　巩红禹　米国芳

总 序

　　内蒙古财经大学坐落于内蒙古自治区呼和浩特市，始建于 1960 年，是国家在少数民族地区最早设立的财经类高校。经过 60 年的发展，内蒙古财经大学现已成为一所以本科教育为主、同时承担研究生培养任务，以经济学和管理学为主，理学、法学、工学、文学融合发展，具有鲜明地区和民族特色的财经类大学。

　　内蒙古财经大学统计与数学学院的前身是统计学系，2007 年与我校基础教学部的数学教研室合并，组建成立统计与数学学院。学院现有统计学和数学两大学科。其中，统计学学科始建于 1960 年，是内蒙古自治区重点学科，具有 60 年的办学经验和管理经验，形成了优良的治学传统，培养出了大批硕士、本科及专科各层次的优秀人才。统计学学科拥有统计学一级学科硕士学位以及应用统计学专业硕士学位授权点。学院 2015 年设立了内蒙古自治区唯一的经济统计学蒙汉双语授课专业；应用统计学专业于 2019 年入选国家一流专业建设点；经济统计学专业是内蒙古品牌专业，"经济数据分析与挖掘"实验室被评为自治区重点实验室。

　　随着我院两大学科的发展与壮大，教师的学历和科学研究水平不断提升。近年来共承担国家级项目 14 项，其中国家哲学社会科学重大项目 1 项；省部级项目 40 余项。

　　为提升我院的影响力，营造良好的学术研究氛围，我们组织部分具有博士学位的教师撰写并出版了该套丛书。丛书崇尚学术精神，坚持专业视角，客观务实，兼具科学性、严谨性、实用性、参考性，希望给读者以启发和帮助。

丛书的研究成果及结论属个人或团队观点，不代表作者所在单位或官方观点，书中疏漏、不足之处敬请国内外同行、读者批评指正。

编委会感谢内蒙古财经大学对本套丛书的出版资助。

编委会

2020 年 5 月

前　言

  金融中介服务是国民经济活动的重要组成部分，其产出测算分为直接测算和间接测算两部分。随着金融工具的不断涌现，直接测算的金融中介服务比例也在逐步增加，如信用卡消费等，国民账户体系（SNA）建议对此应进行核算。相比于直接测算的金融中介服务，间接测算的金融中介服务（FISIM）的总量核算和部门分摊及对 GDP 与收入分配影响的研究是当前统计科学的重大课题之一，对中国国民经济核算的长远发展具有极其重要的现实意义。中华人民共和国国家统计局颁布的《中国国民经济核算体系（2016）》表示，采用与 2008 年 SNA 一致的方法核算 FISIM。本书借鉴国际标准及前人研究经验，详细考察了包括直接测算和间接测算的金融中介服务核算的理论方法和核算原则，并基于此建立若干参考利率模型、FISIM 价格缩减指数等，核算了现价 FISIM 和可比价 FISIM，并采用定量和定性方法，从 GDP 绝对值、GDP 增长率、GDP 增长率波动率方面，从财产收入、收入初次分配与再分配方面系统考察 FISIM 对 GDP、收入分配的影响，以期为中国 FISIM 核算提供参考。

一、本书主要内容

  本书包括 8 章内容。第 1 章和第 8 章分别为绪论和研究结论与启示及进一步研究方向。其余 6 章为金融中介服务核算问题的主体研究部分，可分为三部分。

第一部分为金融中介服务宏观核算的理论基础（第2章）。国民经济核算体系是一种宏观经济核算体系，是一国政府分析、评价和管理其宏观经济总体的重要工具。生产核算是国民经济核算的中心。恰当、科学地界定生产劳动，直接关系到国民经济核算的范围，尤其关系到金融服务活动生产性的界定。为此，本书简要回顾了威廉·配第、重农学派、亚当·斯密、马克思和阿尔弗雷德·马歇尔等的生产劳动理论，简述了作为描述工具和分析工具的国民账户体系（SNA）的相关内容。最后，考察了金融服务核算的相关问题，包括金融服务活动生产性的界定、利息收入性质的界定、直接测算的金融中介服务理论。

第二部分为现价FISIM核算理论研究、现价FISIM总量核算与部门分摊实证研究、现价FISIM核算对GDP与收入分配的影响（第3章至第5章）。本书以SNA系列版本等为基础，以FISIM总量核算研究为起点，通过部门分摊研究，从收入法GDP的角度展现FISIM对金融业增加值及以增加值为起点的收入分配的影响，从支出法GDP的角度，展现FISIM对"需求侧"的影响。最后，借鉴部分国家的核算实践经验，结合目前中国实际得出对中国FISIM核算的启示。

总量核算方面，解析了SNA系列版本的FISIM核算范围。核算主体方面，2008年SNA将中央银行生产的服务确认为金融中介服务、货币政策服务以及对金融公司的监管服务三个组别。核算的金融工具仅限于存贷款。参考利率选择应考虑风险溢价，并且不包含任何服务因素。本书按实际FIs（金融中介机构）能否承担最终风险，把参考利率的选择归为三种类型：一是存贷款都没有风险，即存贷款面临的风险可以完全消除，此时参考利率可选择无风险利率。二是存款风险小于贷款风险，存款的参考利率可选择无风险利率，参考利率选择包括贷款风险溢价。三是存款和贷款面临的风险相同，参考利率高于无风险利率。

部门分摊方面，将FISIM全部计入虚拟部门的中间消费，割裂了FIs与其他部门之间的紧密生产技术联系，而且GDP会被大大低估，更不利于"需求侧"的宏观决策。2008年SNA完全否定了1968年SNA的FISIM处理方法，采用包括风险调整因素的参考利率，在所有使用者包括存款者和贷款者之间进行分摊。本书构建I−O表解析了2008年SNA参考利率分摊与虚拟部门法对生产核算的影响，采用账户分析参考利率分摊对部门收入分配的影响。

《中国国民经济核算体系（2016）》是目前中国最新版的国民经济核算体系，它采用了与 2008 年 SNA 一致的方法计算间接计算的金融中介服务（FISIM）产出。本书参考国际参考利率的计算方法，对于内部参考利率，构建了银行间同业拆借利率和平均存贷款利率两种参考利率。同时，根据 2008 年 SNA 的建议，构建了三种风险调整的参考利率：一是考虑期限风险和一般风险资产风险溢价的参考利率（CIR – CCAPM 利率），将参考利率置于消费环境中考查其风险特性；同时，为反映期限溢价选择利率期限模型予以考查。二是考虑期限风险、一般风险资产风险溢价和贷款违约风险的参考利率（CIR – CCAPM – D 利率），贷款违约风险值采用个人贷款保证保险费率中基准费率近似。三是账户参考利率，基于金融企业资金流量和存量表构建，从贷款的机会成本的角度考虑，选择的金融工具包括存款、债券和股权投资等。经实证检验，本书构建的模型参考利率有一定的合理性。

第三部分为可比价 FISIM 核算的理论与实证研究（第 6 章和第 7 章）。从使用者成本的角度解析了参考利率的由来，归纳整理了国际标准及著名学者关于可比价 FISIM 核算的方法；比较研究了目前国内外关于可比价 FISIM 核算的原理，介绍了部分国家在可比价 FISIM 核算方面的实践情况；结合中国的实际，分析了各种核算方法的适用性，以期为中国可比价 FISIM 核算提供参考。

FISIM 的物量核算方法不同于普通产品的物量核算方法之处，在于存贷款余额本身有名义额和实际额之分。本书主要分析了 Fisher 价格指数法、单位价值指数法、存量缩减法、产出指数法、IW 方法和现价比例法 6 种方法。Fisher 价格指数法和单位价值指数法有所不同，前者是对存款和贷款的每种类型分别进行价格指数缩减。后者是用单位货币余额的产出价值比对价格总指数进行调整。存量缩减法是 2008 年 SNA 和 2010 年 ESA（欧洲国民经济账户体系）推荐使用的方法，是一种基年价格估计法，采用经过缩减的存贷款变动率作为 FISIM 物量指数的替代。产出指数法给出了 FIs 不同活动的产出指数，使用的是存款支付交易的数量。IW 方法是一种考虑质量调整的价格指数方法，属于物量外推法。现价比例法与前述方法的明显区别在于，可比价 FISIM 的计算与存贷款服务的使用者成本价格并无直接的关系，缺少存贷款 FISIM 的价格缩减指数，它的关键在于产出指数的确定。

二、本书的价值

本书系统研究了金融中介服务核算问题。主要贡献体现在以下几方面：

第一，分析 FISIM 与风险的关系，构建考虑风险溢价、期限风险和贷款违约风险的国内参考利率模型，具体包括 CIR – CCAPM 模型、CIR – CCAPM – D 模型、账户参考利率模型计算参考利率，进而计算基于此参考利率的 FISIM 并与银行间同业拆借利率和平均存贷款利率计算的 FISIM 进行比较，研究方法具有很大的创新性。

第二，采用 CIR – CCAPM 模型、CIR – CCAPM – D 模型、账户参考利率对 FISIM 分别在机构部门和产业部门间进行分摊；研究 FISIM 分摊对各机构部门存贷款服务产出的影响。

第三，采用生产方程、账户分析等方法，从总量、最终使用及中间使用的角度实证研究 FISIM 分摊对 GDP 总量、GDP 增长率及 GDP 增长率波动率的影响。

第四，研究了参考利率核算的 FISIM 对财产收入及收入初次分配和再分配的影响。

第五，研究可比价 FISIM 核算对 GDP 及其增长率波动率的影响。

三、本书的特色

总体来看，本书有以下突出的特色：

第一，前沿性。本书文献资料丰富，提供了金融中介服务核算研究的前沿视角，理论研究和实践研究具有一定的创新性。

第二，全面性与综合性。本书广泛涉及金融中介服务的各方面主要问题，不仅涉及金融中介服务理论方面的新进展，还总结了部分代表性国家的实践情况，更结合中国实际，构建相应模型实证分析了中国的金融中介服务问题，可为中国金融中介服务未来的研究提供借鉴。

第三，新颖性。本书研究框架新，其中涉及了多处国内研究的空白。如考虑风险因素的参考利率的构建与分析、金融中介服务的可比价核算研究等。

第四，图表丰富。本书使用了大量的图和表来说明问题。

总之，本书构建了金融中介服务核算研究的系统框架，书中讨论的问题，有的在国内已有研究，但为数不多；有的鲜有涉及，故本书具有较大的学术价值。

目　录

第❶章

绪 论

1.1　研究背景

随着中国经济转向高质量发展，金融服务业在经济中越来越居于十分重要的地位，并已成为现代经济的核心、资源配置的枢纽、国民经济的血脉。金融对实体经济起到主动推动作用。金融服务业的重要职能之一是为资金供需双方提供金融中介服务，分散和管理各市场主体的风险，为总体资源配置、国内外商业运作提供必要的技术支撑，这就使得金融业成为保障宏观经济有效平稳运行和提高经济活动效率的关键因素。金融业日益提高的重要性，对金融服务产出核算提出了更高的要求，准确合理的金融业产出核算方法，能够反映金融业产出和使用情况，进而为经济决策和分析提供精准的依据。

众所周知，2007~2009 年的全球金融危机根源于金融领域，首先表现为金融中介系统的中断。据资料显示，2010 年爱尔兰的银行业财务报表显示，亏损 320 亿欧元，接受资本转移 315 亿欧元。但在国民经济账户中，仍显示银行业有持续的正增加值，2010 年接近顶峰，金融部门的增加值为 150 亿欧元，对 GDP

的贡献为7%。这个数字和2004～2006年经济繁荣发展时期，金融业对GDP的贡献6%相比，没有太大的变化，这似乎是反常的。近年来随着金融业的飞速发展，各种金融工具层出不穷，金融机构的角色与传统金融机构相比，发生了明显的改变，随之而来的风险管理成为各国的管理服务之一，各国政府也逐渐认识到微观金融企业核算与宏观金融业核算数据之间的不一致性，这也是导致政府不能对金融危机及时做出宏观调控的原因。金融中介服务核算研究是当前统计科学的重要课题之一，对中国国民经济核算发展具有极其重要且深远的影响意义。

在国民经济核算体系中，金融中介机构服务产出是直接测算和间接测算两部分产出之和。相比于直接测算的金融中介服务，间接测算的金融中介服务（Financial Intermediation Services Indirectly Measured，FISIM）的测算方法更为复杂。国民经济核算专家就使用参考利率核算FISIM已达成共识，但对于具体参考利率的确定目前已形成两种观点。一种观点认为，参考利率应该使用单一的利率，这一单一参考利率对于存贷款来说都具有正的产出；另一种观点认为，参考利率本身应考虑期限风险和风险溢价。他们支持修订的标准，认为应该使用特定的金融工具的参考利率作为期限和风险匹配的债权的收益率，继而剔除FISIM中的期限和风险因素。这两种观点是有争议的。《中国国民经济核算体系（2016）》是目前中国最新版的国民经济核算体系，它采用了与2008年国民账户体系（System of national accounts，SNA，简称2008年SNA）一致的方法计算间接测算的金融中介服务（FISIM）产出。研究FISIM的参考利率核算方法，丰富了国民经济关于FISIM核算的内容，使得中国FISIM核算更加精准；分析FISIM参考利率和算法对GDP和收入分配的影响，对于加快中国金融业发展、完善国民经济核算体系、提高国家宏观经济政策制定水平都具有重要的意义。

1.2　研究意义

　　随着金融工具的不断涌现，直接测算的金融中介服务比例也在逐步增加，如信用卡消费等，SNA 建议对此应进行核算。相比于直接测算的金融中介服务，间接测算的金融中介服务（FISIM）的总量核算和部门分摊及对 GDP 与收入分配影响的研究是当前统计科学的重大课题之一，对中国国民经济核算的长远发展具有极其重要的现实意义。尽管 FISIM 核算在国际上得到一致的认同，但由于金融机构在国民经济中的运行机制比较复杂，关于 FISIM 具体经济核算及对 GDP 与收入分配影响方面理论与实证相结合的研究并不多。本书试图借鉴国际标准及前人的研究经验，详细考察金融中介服务核算的理论方法和核算原则，并基于此建立相应的参考利率模型对 FISIM 进行核算，并采用定量和定性方法，从 GDP 绝对值、GDP 增长率、GDP 增长率波动率方面，从财产收入、收入初次分配与再分配方面系统考察 FISIM 对 GDP 与收入分配的影响，有助于丰富同类主题的研究。因此，本书的研究具有一定的理论意义。

中国 FISIM 核算起步较晚，大致经历了三个阶段。《中国国民经济核算体系（2016）》是目前中国最新版的国民经济核算体系，它采用了与 2008 年 SNA 一致的方法计算间接测算的金融中介服务（FISIM）产出。故而研究 FISIM 的参考利率核算方法，并试算中国 FISIM 总量并作部门分摊，可丰富中国国民经济核算的内容，更能精准地测算中国的 FISIM，更能贴切地反映中国金融业的发展情况。分析 FISIM 对 GDP 和收入分配的影响，对于加快中国金融业发展、完善国民经济核算体系和提高国家宏观经济政策制定水平都具有重要的现实意义。

1.3 研究内容

本书的研究主旨是金融中介服务核算，包括直接测算的金融中介服务和 FISIM 核算及其对宏观经济的影响。围绕这一主题，本书研究了直接测算的金融中介服务理论，在比较了各种权威国际规范关于 FISIM 总量核算、部门分摊的思想的基础上，按照 2008 年 SNA 关于 FISIM 核算的思想，借鉴前人研究经验，详细考察 FISIM 核算的理论方法和核算原则，并基于此选择建立若干的参考利率模型，如选用了国际上目前已经使用的两种参考利率：银行间同业拆借利率和平均存贷款利率。通过分析 FISIM 与风险的关系，构建考虑风险溢价、期限风险和贷款违约风险的国内参考利率模型，具体包括 CIR – CCAPM 模型、CIR – CCAPM – D 模型、账户参考利率模型计算参考利率，结合中国的实际数据对 FISIM 进行了具体的核算。接着，本书分析了平均存贷款利率、CIR – CCAPM 利率、CIR – CCAPM – D 利率和账户参考利率核算的 FISIM 产出和部门分摊，采用生产方程、账户分析等定量的方法分析 FISIM 产出分摊对 GDP 总量、GDP 增长率及 GDP 增长率波动率的影响，从财产收入、收入初次分配与再分配方面系统考察其对收入分配的影响。最后，梳理了国际标准、部分国家及部分学者关于可比价 FISIM 核算的方法，分析了对中国可比价 FISIM 核算的启示，利用中国实际数据分析研究了基于账户参考利率的可比价 FISIM 对 GDP 的影响。本书研究的具体内容安排如下：

第 1 章，绪论。本章主要包括研究背景、研究意义、研究内容、研究方法以及本书的创新点。

第 2 章，金融中介服务宏观核算的理论基础。本章简要回顾了威廉·配第、重农学派、亚当·斯密、马克思和阿尔弗雷德·马歇尔等的生产劳动理论，简述了作为描述工具和分析工具的国民账户体系（SNA）的相关内容。最后，考察了金融服务核算的相关问题。

第 3 章，现价 FISIM 核算理论研究。根据 SNA 系列版本，从总量核算、部门分摊方面研究 FISIM 及其对 GDP 和收入分配的影响。在总量核算方面，解析了 SNA 系列版本的 FISIM 核算范围，分析了不同范围对总量核算的影响。对比分析了包含风险溢价的参考利率与无风险利率对 FISIM 的影响。按照 FIs 能否承担最终风险，通过分析风险来源、风险补偿及构建 FIs 的资金流量表和存量表等方法，研习了参考利率的三种确定方法。在部门分摊方面，构建 I – O 表解析了 2008 年 SNA 参考利率分摊与虚拟部门法对生产核算的影响，采用账户分析参考利率分摊对部门收入分配的影响。此外，以欧盟为主考察了部分国家 FISIM 核算实践。最后，结合以上分析结论通过投入产出表和资金流量表分析了采用 2008年 SNA 推荐的参考利率计算 FISIM 对中国生产核算及收入分配核算的影响。

第 4 章，现价 FISIM 总量核算与部门分摊实证研究。参考国际参考利率的计算方法，对于内部参考利率，构建了银行间同业拆借利率和平均存贷款利率两种参考利率。同时，根据 2008 年 SNA 的建议，构建了三种风险调整的参考利率：一是考虑期限风险和一般风险资产风险溢价的参考利率（CIR - CCAPM 利率）；二是考虑期限风险、一般风险资产风险溢价和贷款违约风险的参考利率（CIR -CCAPM - D 利率）；三是账户参考利率。对于外部参考利率，参考 2010 年欧洲国民经济账户体系（ESA）构建。根据五种内部参考利率和外部参考利率结合中国实际数据，核算并在产业部门和机构部门间分摊 FISIM 产出。

第 5 章，现价 FISIM 核算对 GDP 与收入分配的影响。本章结合第 4 章数据，分析 FISIM 总产出分摊为最终使用部分对 GDP 与收入分配的影响。综观核算与分析的结果，可以看出，对最终使用的分摊，使得 GDP 较原有传统方法的 GDP 有所增加，传统方法的 GDP 低估了金融业对经济的贡献；经济总体及各机构部门收入形成和初次分配总收入的变化，由增加值变化和应付财产收入变化来决定。

第 6 章，可比价 FISIM 核算的理论研究。从使用者成本的角度解析了参考利率的由来，归纳整理了国际标准及著名学者关于间接测算的金融中介服务的现价核算的方法；比较研究了目前国内外关于间接测算的金融中介服务的可比价核算的原理，介绍了部分国家在间接测算的金融中介服务的可比价核算方面的实践情况；结合中国的实际，分析了各种核算方法的适用性，以期为中国间接测算的金融中介服务的可比价核算提供参考。FISIM 的物量核算方法不同于普通产品的物量核算方法在于，存贷款余额本身有名义额和实际额之分，在实际物量核算中使用存贷款余额的实际额，即剔除价格因素的影响。本章主要分析了 Fisher 价格指数法、单位价值指数法、存量缩减法、产出指数法、IW 方法和现价比例法 6 种方法。

第7章，基于账户参考利率可比价 FISIM 核算的实证研究。按照 2008 年 SNA 关于 FISIM 核算的理论，构建中国 FISIM 核算的账户参考利率，借鉴联合国国民经济核算工作组关于 FISIM 价格指数的思想，结合中国存贷款特点，构建存贷款服务价格指数，核算中国的可比价 FISIM。最后，探究可比价 FISIM 对实际 GDP 的影响。研究表明，可比价 FISIM 对经济增长率波动率的影响大于其对经济增长率的影响。

第8章，研究结论与启示及进一步研究方向。

本书技术路线图如图 1-1 所示。

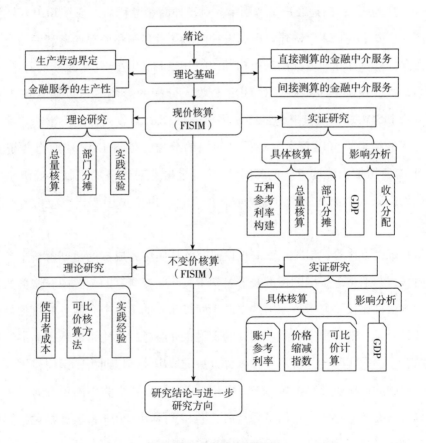

图 1-1　本书技术路线图

1.4 研究方法

1.4.1 规范分析与实证分析相结合

规范分析与实证分析相结合的方法贯穿于本书研究的始终。在本书研究的整体布局上，第 2 章和第 3 章梳理了金融中介服务核算理论基础、SNA 系列版本关于 FISIM 的相关处理方法，从总量核算、部门分摊方面研究 FISIM 及其对 GDP 和收入分配的影响，这是对 FISIM 核算进行的规范分析；第 4 章、第 5 章参考国际标准关于参考利率的确定思想，构建了五种参考利率，从实证的角度考查了不同参考利率对 FISIM 核算及 GDP 与收入分配的影响，第 7 章构建了中国的 FISIM 价格缩减指数，实证试算了中国的可比价 FISIM 并分析了其对 GDP 的影响。

1.4.2 理论研究与实证研究相结合

根据规范分析所得到的核算处理规则，以经济理论和国民账户理论为基础，构建 CIR – CCAPM 参考利率、CIR – CCAPM – D 参考利率和账户参考利率理论模型，为实证分析奠定了理论基础；通过理论模型的实证检验，得出所构建的参考利率理论模型具有一定合理性，进而将参考利率模型用于 FISIM 总产出的试算、分摊，并对 FISIM 对 GDP 和收入分配的影响做出实证分析。

1.4.3 定量分析与定性分析相结合

中国利率市场化起步较晚，采用参考利率核算 FISIM，在中国的实证研究并不多。本书对各权威核算准则进行概括总结和分析研究，并且采用国际权威核算准则核算中国的 FISIM。此外，中国的利率市场并不完善，故在参考利率模型选取数据方面，考虑每种模型数据的可获得性，进而核算中国的 FISIM，及分析其对 GDP 与收入分配的影响。

1.5　创新点

分析 FISIM 与风险的关系，构建考虑风险溢价、期限风险和贷款违约风险的国内参考利率模型，具体包括 CIR – CCAPM 模型、CIR – CCAPM – D 模型、账户参考利率模型计算参考利率，进而计算基于此参考利率的 FISIM 并与银行间同业拆借利率和平均存贷款利率计算的 FISIM 做比较。

采用 CIR – CCAPM 模型、CIR – CCAPM – D 模型、账户参考利率对 FISIM 分别在机构部门和产业部门间进行分摊。

研究 FISIM 分摊对各机构部门存、贷款服务产出的影响。

采用生产方程、账户分析等方法，从总量、最终使用及中间使用的角度实证研究 FISIM 分摊对 GDP 总量、GDP 增长率及 GDP 增长率波动率的影响。

研究参考利率核算的 FISIM 对财产收入及收入初次分配和再分配的影响。

研究可比价 FISIM 核算对 GDP 及其增长率波动率的影响。

第❷章
金融中介服务宏观核算的理论基础

　　国民经济核算体系是一种宏观经济核算体系，是一国政府分析、评价和管理其宏观经济总体的重要工具。生产核算是国民经济核算的中心。恰当、科学地界定生产劳动，直接关系到国民经济核算物质生产和服务生产的范围。金融服务和其他服务一样，金融服务的生产和使用核算也经历了国民经济核算生产观的转换过程；同时，金融服务特殊的提供方式，也使其活动的性质、产出的计量等备受争议。本章主要对金融服务核算的一些基本问题进行考察，包括国民经济核算生产劳动、生产观，金融服务活动的性质，金融服务的内涵、计量特点，以及金融服务活动主体的基本特征等。为此，本章简要回顾了威廉·配第、重农学派、亚当·斯密、马克思、阿尔弗雷德·马歇尔等的生产劳动理论，简述了作为描述工具和分析工具的国民账户体系（SNA）的相关内容。最后，考察了金融服务核算的相关问题，包括金融服务活动生产性的界定、利息收入性质的界定，以便为后文涉及的 FISIM 核算奠定基础。

2.1　生产劳动理论简要回顾

　　国民经济包括生产、流通、分配、使用的各个阶段，包括企业单位、政府机构、住户等从事各种经济活动的微观单位。因此，国民经济核算体系必须以一定的经济理论为依据构建，才能保持体系的全面性、一致性和客观性。生产是经济活动的中心，故而生产核算也是国民经济核算的中心。能否恰当、科学地界定生产和生产劳动，不仅影响国民经济核算的范围，还会影响国民经济核算的方法和结构。因此，生产和生产劳动问题是建立国民经济核算首先要解决的一个重要理论问题。

2.1.1　威廉·配第的生产劳动理论

威廉·配第（1662）在其《赋税论》中认为，商人本身也得不到社会好评，因为他们本身也不能生产什么。他把商人、牧师、法官、医生一起列入"对社会所作的工作微不足道但所得报酬却极可观"的一类人之中。他认为，应该尽力生产那些能够从海外赚取并带回货币的商品。从这里可以看出，威廉·配第的思想受重商主义的影响，认为只有产品出口给国家带来的货币多于产品本身所值货币价值的生产部门的劳动才具有生产性。在1672年的《政治算术》中，他又把农民、海员、士兵、手工业者和商人列为"任何一个社会的真正支柱"。他指出，如果对手工业者等征税，是为了把货币提供给那些按其职业来说一般不生产物质品的人们，那么社会财富就会减少。马克思认为，威廉·配第所说的社会真正支柱就是指的生产劳动者[1]。可见，威廉·配第的生产劳动理论又体现出物质生产概念的萌芽。

威廉·配第的另一个卓越贡献是，他首次明确界定了国民收入的概念，并对一国国民收入进行实际估算。他估算的国民收入包括劳动收入和财产收入。与前述其对生产劳动的界定有所不同，这里的劳动收入并未区分物质劳动和非物质劳动，而是指按全部能够从事劳动的实际人口数与平均每人每年实际能挣的收入进行估算。财产收入包括由土地、房屋、船舶、金银货币和其他财产收入所提供的收入。这里，之所以与生产劳动概念不一致，也即不区分是否为物质劳动，与他

---

① 马克思恩格斯全集（第二十六卷）（第一册）［M］．北京：人民出版社，1972：173.

研究和估算国民收入从税收角度出发有关。从税收的角度来看，以劳动者的全部收入作为国民收入中劳动收入的基础，显然是合理的。

2.1.2　重农学派的生产劳动理论

首次提出明确生产概念的是 18 世纪法国的重农经济学派的经济学家，这一时期的生产概念是仅局限于农业的物质生产概念。经济学家们认为，农业是唯一能够创造财富的部门，农业劳动是唯一的生产劳动。重农学派已包含一些价值的思想，但"尚不理解价值的本质"①，主要特征是将价值与自然物质等同起来，认为价值是由土地等自然所提供的物质。因此，重农学派的生产劳动理论的理论基础不是价值和剩余价值的生产，而是以直观感受到的实际实物量的增加为依据，这个实际实物量的增加是指，农业生产出的使用价值量超过其生产过程中投入的使用价值量部分，即重农学派认为农业生产的产出量对投入量的超出额是"自然的赐与"②，并不是由劳动创造。按照重农学派的理论，工业生产仅能使得物质的形态发生改变，并不能使得物质数量增加，故而工业劳动不是生产劳动。

在当时特定的历史条件下，重农学派的农业物质生产概念的提出是合乎逻辑的。一是农业能够直观地、显而易见地表现出财富数量通过生产而增加的情况。因此，在价值的性质未被充分认识之前，认为生产活动只能是属于使物质数量倍增的农业，具有一定的合理性。可见，只有价值理论发展到一定程度，才可能承认工业活动的生产性，也即承认利用面粉生产的 1 千克馒头比 1 千克面粉代表更多财富。只有价值理论发展到一定程度，才能把自然物质和社会财富完全区分开来。二是农业提供了全社会赖以生存的最基本的生活必需品，是人类社会赖以生存和发展的自然基础，是其他诸如工业等产业产生和发展的自然基础。因而，在特定的历史时期，不同国家的特定发展阶段，强调农业的生产性自然也是合理的。18 世纪，法国正是欧洲大陆最富有的农业国家，这就为重农学派生产劳动

---

① 马克思恩格斯全集（第二十六卷）（第一册）［M］. 北京：人民出版社，1972：16.
② 马克思恩格斯全集（第二十六卷）（第一册）［M］. 北京：人民出版社，1972：25.

理论的产生奠定了基础，也正是这样的特殊历史条件限制了重农学派的思想观念，使得这一学派只承认农业部门的生产性，拒绝承认其他部门的生产性。

英国经济学家阿尔弗雷德·马歇尔（Alfred Marshall）（1890）认为，重农学派的生产劳动理论是以 18 世纪法国人民的情况为依据，那时法国大多数人除了为生活所必需的东西外，就不知道还有什么是必需品。可见，重农学派的生产劳动理论与当时人们的经济生活环境有着密切的联系。

2.1.3 亚当·斯密的生产劳动理论

亚当·斯密（Adam Smith）（1776）在《国民财富的性质和原因的研究》中指出，"有一种劳动，加在物上，能增加物的价值；另一种劳动，却不能。前者因可生产价值，可称为生产性劳动，后者可称为非生产性劳动。制造业工人的劳动，通常会把维持自身生活所需的价值与提供雇主利润的价值，加在所加工的原材料的价值上。反之，家仆的劳动却不能增加什么价值……雇用许多工人，是致富的方法，维持许多家仆，是致贫的途径"。他认为，服务劳动也创造价值，应该获得报酬，但这种劳动不是固定在物质上的，具有"随生随灭"的性质，劳动价值无法保存，故不属于生产劳动。可见，亚当·斯密的生产劳动理论超出了重农学派只着眼于农业生产的物质产品数量增加的狭隘眼界，把生产劳动理论向前推进了一步，但其以劳动体现在物上作为创造价值的标准，使得其仍未摆脱重农学派唯物质观的影响。亚当·斯密在服务劳动不创造价值，其劳动者收入的来源和性质问题上的论述，与重农学派基本一致，认为服务劳动者的收入是派生收入，是生产劳动收入的再分配结果。与重农学派唯一的区别在于，收入和财富的来源由土地产品扩大为全部物质产品，派生收入的劳动者由非农业劳动者缩小为服务劳动者。

尽管亚当·斯密由其历史时代所决定的生产劳动理论依然存在局限性，但亚当·斯密在其《国富论》的第三章"论资本积累并论生产性和非生产性劳动"中，主张收入应尽可能转换为资本，尽可能提高从事物质生产的劳动者占比，以促进国民财富的增长。可见，斯密通过其生产劳动理论已表达出在生产过程中强调资本积累作用的基本经济思想，无疑具有一定的进步意义。

2.1.4　马克思的生产劳动理论

马克思的生产劳动理论包括从两种不同角度观察的生产劳动：一种是从劳动的社会形式出发的生产劳动理论，另一种是从劳动的自然形式出发的生产劳动理论。对于前者，马克思认为，只有受雇于资本或与资本相交换的劳动，只有能为资本生产剩余价值的劳动，才是生产劳动。这里指的劳动不是一般意义上的生产劳动，而是特指"从资本主义意义上"的生产劳动，即雇佣劳动。可见，从劳动的社会形式的角度，资本生产剩余价值是劳动称为生产劳动的唯一标准。马克思认为，无论是服务劳动还是物质生产劳动，在资本主义意义下，"同一劳动既可以是生产劳动，也可以是非生产劳动"。① 对于从自然形式出发的生产劳动理论，马克思在《资本论》②中这样描述：如果整个过程从其结果的角度，从产品的角度加以考察，那么劳动资料和劳动对象表现为生产资料，劳动本身则表现为生产劳动。

马克思的这两种生产劳动理论并不矛盾。从劳动的社会形式出发的生产劳动理论，是关于资本主义的雇佣劳动问题；从自然形式出发的生产劳动理论，是关于一般劳动过程的理论，主要针对的是什么是生产劳动的问题。国民经济核算是以马克思的自然劳动形式的生产劳动理论为依据的，与劳动的社会性质无关。马克思把价值的创造归结为人类劳动力的耗费，而与价值所借以体现的形式无关。正如他所说："对于这些服务的生产者来说，服务就是商品。服务有一定的使用价值和交换价值。"③

总之，马克思的生产劳动理论彻底摆脱了亚当·斯密的唯物质观，它是一种

---

① 马克思恩格斯全集（第二十六卷）（第一册）[J]．北京：人民出版社，1972：432.
② 马克思恩格斯全集（第二十三卷）（第一册）[J]．北京：人民出版社，1972：205.
③ 马克思恩格斯全集（第二十三卷）（第一册）[J]．北京：人民出版社，1972：149.

综合的生产概念。

2.1.5　阿尔弗雷德·马歇尔的生产劳动理论

继亚当·斯密的物质生产概念影响长达半个世纪之后，对物质生产概念的批评越来越多。阿尔弗雷德·马歇尔是对物质生产概念提出较晚的一个经济学家，但却对后来的生产劳动理论的发展具有最重要的影响。从某种程度上来说，阿尔弗雷德·马歇尔著作的问世，标志着由物质生产概念向综合生产概念转变的开端。

阿尔弗雷德·马歇尔认为，亚当·斯密的物质生产概念，着重强调积累起来的财富，却忽略了眼前的暂时的享乐，有时甚至不包括这些享乐。一种差不多的牢不可破的传统，迫使我们将生产的中心概念看作将来的而不是现在的欲望得到满足的意思。[①] 并且关于生产劳动，他指出，一年期限内生产的任何东西，提供的各项服务，以及各种效用都是国民收入的一部分。

马歇尔的这种新的、比较明确的认识，源于当时英国工业化已经完成、资本积累已不是发展的主要限制因素的特定历史环境。经济条件及经济环境的这些变化是马歇尔能提出综合生产概念的关键性因素。马歇尔的综合生产概念影响了后来几乎所有的经济学家，对国民经济核算的生产观也有深远的影响。

综上，生产的概念是随着历史的发展而发展的，生产范围逐步扩大。生产概念这种不断扩大的发展趋势，实质上就是生产实际范围的不断扩大的历史事实在人们观念中的反映。

2.1.6　联合国的国民账户体系（SNA）

SNA 是由宏观经济理论和统计学结合而成的一门学科，宏观经济理论是 SNA 的理论基础，统计学是它的方法基础。作为理论基础的宏观经济理论界定了 SNA

---

① 徐向新．国民经济核算 ［M］．北京：中国统计出版社，1990.

的概念性要素，描绘了 SNA 账户的逻辑框架，决定了 SNA 的核算规则。故在一定程度上来说，SNA 的基本要素都来自于宏观经济理论；SNA 体系是一个开放的体系，具有很强的开放性，能够不断纳入新的经济学思想。另外，SNA 通过统计学中统计指标及统计分组的方法，把经济学思想转换为具有明确边界的概念性要素，进而构建出了相应的统计指标，进而通过其他统计方法的应用，完成数据的收集、整理及呈现，最后能为宏观经济分析提供所需数据。因 SNA 身兼二者之长，故其功能不仅仅是单纯提供数据的功能，更是独具特色的宏观经济研究的工具，其功能可归结为两个方面，作为描述工具的 SNA，和作为分析工具的 SNA。

作为描述工具的 SNA。就宏观经济研究的对象和内容来看，涉及一国经济的方方面面，这些内容不可能在 SNA 体系中都能找到现成的答案，但是 SNA 的构建本身能够提供进行宏观经济分析的范例。其中最重要的一点就是如何对现实世界中的经济活动进行描述，包括界定分析问题的基本要素和明晰分析对象之间的关系两方面内容。

SNA 中心账户将现实经济中各行为主体之间的各种经济活动抽象为机构单位和存流量的概念性要素，卫星账户则直接使用了中心账户中的概念性要素，所不同的是，卫星账户可对其中分类根据等进行调整，一般通过对这些概念要素的扩展来界定自身的概念要素，如生产范围的不同界定、消费或资本形成的概念的扩大，等等。对于具体的宏观经济研究问题来说，都可以把其中涉及的基本要素归结为行为主体、经济活动以及存量和流量的形式。另外，虽然 SNA 对这些基本要素都进行了刻画，但 SNA 是一个综合性的体系，不可能把所有问题涉及的要素都涵盖，故在实际分析中对 SNA 没有明确界定的基本要素，可以利用 SNA 的基本原则对其进行界定。总之，SNA 能够将宏观经济理论的概念明晰化，使其可测，基于 SNA 界定后的概念不存在内涵不清的问题。

SNA 界定了概念性要素之后，根据核算规则，按照一定的逻辑对经济活动中产生的各种存量和流量进行记录。在综合经济账户中，按照生产、收入分配、生产使用的顺序记录经常账户，按照期初存量加减流量等于期末存量的逻辑记录积累账户和资产负债表。卫星账户同样依据核算规则，遵循一定的逻辑记录相关账户。其目的本身是以统计指标的形式来提供相关数据，但从账户构建看，其实质又是厘清分析对象之间的各种关系。SNA 账户体系就是对宏观经济运行关系进行清晰揭示，因此将分析对象按照 SNA 账户体系归集，更能增强人们对于分析对象关系的认识。

作为分析工具的 SNA。对于宏观经济分析方面，SNA 主要表现为构建理论分析框架和提供实证分析所需的指标两方面。现代宏观经济学有很多流派，对于同一问题，这些流派的观点经常会有分歧，但各流派之间总会有一些共同的概念，如生产、消费等，SNA 能将这些流派的共有概念通过统计方法的应用使其明晰化，而且可以通过积木式的方式来构建不同口径的统计指标，使得人们可以借助 SNA 搭建理论分析框架，了解各流派之间产生差异的根源。SNA 核算框架的最大特色就是开放性，能够融入各个流派的理论，构建全面的理论分析框架。此外，SNA 能够为指标选择提供明确的指导。

联合国的国民经济核算体系曾有多个版本，2008 年联合国推出了最新版本的国民经济核算体系（System of National Accounts，2008），这是迄今为止系统阐述国民经济核算原理、核算方法、核算准则最为系统、最为全面、最权威的国际标准。自 SNA 产生以来，比较有影响的有 1953 年 SNA、1968 年 SNA、1993 年 SNA 和 2008 年 SNA 等 5 个版本。每一个版本都是对前一版本的修订、完善、丰富和发展。这 5 个版本中具有突破性贡献的版本是 1993 年 SNA 和 2008 年 SNA。

2.2　金融中介服务相关核算理论基础

作为国民经济核算体系的重要组成部分，金融服务产出核算因为金融行业本身所具有的独特性而一直备受关注。金融业是整个国民经济的重要组成部分，是保证国民经济能够健康发展和持续运转的关键环节与不可或缺的纽带。

2.2.1　金融服务的生产活动性质

市场经济的发展促进了金融业的形成与不断发展。起初，市场是商品市场，但是，随着商品市场的种类、规模不断扩大和发展，进一步催生了金融市场的发展。金融业作为一个独立的国民经济行业部门不断形成和发展，并在整个国民经济中居于重要地位，主要原因在于，经济社会的日益发展，使得人们对资金融通规模、方式、效率等需求日益多元化、日益广泛。现代金融业的发展经历了一个由不断量变到质变的发展过程。随着金融业作为一个产业的形成，资金借贷活动的性质也发生了根本的变化。最初，商品市场因个别经济交易而发生的简单的资金借贷活动，只是资金所有权的转移，还并没有形成独立的专门的行业，也未提供专门的资金借贷服务；除此之外，资金供给者和需求者之间信息不对称，而且借贷数额、偿还条件等方面得不到合理的保障。因此，按照前文所述综合性生产劳动的概念，这一阶段的资金借贷还不能视为一种生产性活动。现代金融借贷活动中的金融中介正是应资金供求双方的交易需求而产生的，为资金融通调剂提供了更多便利；同时，它除了作为金融中介转移资金使用权外，还为存款者和贷款者提供诸如沟通渠道、汇集资金、提高效率、保障收益等特殊服务。同时，通过金融中介活动的规范，大大简化了资金借贷的操作程序，降低交易成本，提高了金融市场的运作效率，有效地防范了风险。

金融中介活动既创造使用价值，也创造价值，按照前文所述生产劳动的概念，金融中介活动与其他服务活动一样都属于生产性的服务活动。现代经济条件下的金融中介活动本质上是一种综合性的生产服务活动。杨灿（1995）讨论了金融中介活动的生产性问题，对物质产品平衡表体系（MPS）下的"虚拟金融产出"提出质疑，认为金融中介服务是一种生产活动。史建平（1999）认为，金融中介服务是涉及资金使用权的一种经营活动，它属于生产活动。陈维义等（2005）从金融活动特点出发，认为金融中介服务活动分为两大类，其总产出应该分别核算，使用同一种方法核算，会使得金融业的总产出与实际经济现实不相符。

综上所述，SNA 以综合性生产观为基础，金融业属于生产部门，金融服务活动归属生产性服务活动。广义的"金融服务"包括金融部门的各种业务活动。一是"金融中介活动"，即各种金融机构通过吸收和发放资金，充当资金融通的中介角色；二是"辅助性金融活动"，主要包括各种金融机构所从事的汇兑、结算、金融租赁、证券交易、外汇交易、投资管理以及信息咨询；等等。

2.2.2　金融流量的非再分配性质

杨灿等（2000）指出，既然金融中介活动是生产性服务，那么资金融通过程中形成的各种借贷关系和金融流量就不再属于"再分配"范畴。资金融通调剂是金融中介活动的主要目的，金融中介活动直接作用的结果就是资金融通过程中形成的各种金融流量。他认为，金融中介活动是生产，金融流量是再分配的观点，在逻辑上是悖理，原因在于，生产与分配是两种不同的活动，应分别形成不同的经济后果。如果认为生产活动的直接后果可以是实现收入的再分配，那势必造成生产与分配之间界限的模糊，从而影响整个国民经济核算理论体系的严谨性。

王智滨等（1994）认为，金融信贷业务的利息收入不是或不全是服务费收入，非金融部门因其在从金融部门得到利息收入过程中，没有提供任何服务，仅仅让渡了资金使用权，因而资金所有者的利息收入属于其财产收入。对金融部门来说，这一过程不含有任何财产收入的性质，全部属于生产性的服务收入。杨缅昆等（1999）对利率进行分解并探析其内在结构，强调利率应该被分为三个部分：财产收益率、风险收益率和服务费率，相应地，应有三种不同性质的收入。陈维义等（2005）认为，利息收入理论上是财产收入，但在计算金融机构产出时应根据金融机构活动的特点具体分析：金融机构实际利息收入实质上包含财产收入和服务收入，存款者的实际利息收入是扣除了服务费后的财产收入。

2.2.3 金融中介服务的界定

在 2008 年 SNA 中，金融中介服务是将借入者的要求与贷出者的需求相匹配的活动。金融中介的行为之一就是设置金融工具，鼓励有储蓄的客户在工具所陈述的条件下把钱借给金融机构，由此，金融机构可以将同一资金以具有不同条件的另一套工具出借给他人。因此，本书讨论的金融中介服务主要指银行等金融机构提供的金融服务，可以归结为两类：一类是具有直接标价的金融中介服务，如货币汇兑、投资咨询等直接向用户收取费用，这些金融中介服务的价值可通过直接收取的佣金或者手续费进行估算。另一类是银行等主要从事金融中介服务的金融机构提供的存贷款金融中介服务。这类金融中介服务虽然有市场交易，但其价格、物量并不能直接获得，因而其产出核算在国民经济核算中一直是一个有争议的问题。金融服务、金融中介服务的关系如表 2－1 所示。其中，与存贷款有关的金融中介服务即为 SNA 中的间接测算的金融中介服务。为研究方便起见，这里把与证券等有关的金融中介服务称为直接计量的金融中介服务。

表 2－1　金融中介服务与金融服务的关系

金融服务		保险和养老金服务
	金融中介服务	与证券等有关的金融中介服务
		与存贷款有关的金融中介服务
		金融中介辅助服务

2.2.4 金融机构的界定

金融服务核算的基础和前提除了金融服务这个客体的界定以外，金融活动的主体即金融服务生产者的界定和分类也必不可少。金融服务生产者界定得是否准确和科学，在很大程度上影响着国民经济核算数据的获取与使用。在国民经济核算中，产业部门分类和机构部门分类是经常用到的两种重要的部门分类。与其他生产活动一样，金融服务活动的主体的界定也可以从这两个角度进行。考虑到后文核算分析的需要，这里主要从机构部门的角度对金融服务活动的主体进行界定和分类。

最初，金融中介机构仅在贷款者和借款者之间充当金融中介，把资金从贷款者手中流动到借款者手中。从贷款者手中筹集资金，再按照借款者的意愿把资金再转移给借款者。在这一资金借贷过程中金融机构承担了自身负债的风险，并不是单纯地充当代理人的角色。这种主要通过金融中介和金融辅助活动为其他机构单位提供金融服务的特点，是金融机构活动最基本的特点。随着金融市场的不断演进和金融工具的不断创新，金融机构的运营方式也随之发生了巨大的变化。现在的金融机构不再局限于资金的借贷活动，除了吸收存款外，还通过其他方式如票据、债券等发生负债，通过发放贷款和其他方式如股票、票据、债券等获得金融资产。新的金融业务模式使得金融机构的定义发生了变化。

在 2008 年 SNA 中，金融机构被定义为：所有的主要从事向其他机构单位提供金融服务（含保险、养老基金服务等）活动的常住单位。这些常住单位包括常住金融机构（无论其股东的常住性如何）、非常住企业在经济领土内长期从事金融活动的分支机构以及作为金融服务市场生产者的所有常住非营利机构（Non - Profit Institutions，NPI）。金融中介机构不同于金融辅助机构和其他金融机构，它是以通过在市场上从事金融交易获得金融资产为目的、以自己的名义发生负债的机构单位。金融服务的生产活动包括金融中介、风险管理、流动性转换和辅助金融活动。从事这些活动的金融机构通过吸收存款、发行票据、债券和其他证券负债的形式获得资金，再通过向急需资金者贷款、购买票据、债券和其他证券形式，将这些资金和自有资金主要用于获取金融资产。

金融机构是国民经济核算的机构部门之一。因此，金融机构除了满足主要从事金融生产活动并向其他机构部门提供金融服务这一条件外，必须满足能够以自己名义拥有资产和承担负债，能够独立从事经济活动，并且是能够与其他机构单位进行经济交易的经济实体，这一作为机构部门必备的条件。随着金融市场的不断发展、金融监管模式的不断创新，某些具体的金融服务生产活动主体从事的业务会发生一些变化。在 1993 年 SNA 中，仅发生贷出自有资金活动的机构部门，按照前述金融机构的特点，这并没有使某一机构部门的资金流入到另一机构部门，因此，这种贷出自有资金的活动，不被视为一种生产活动，相对应的这些机构部门被划归为住户部门。而在 2008 年 SNA 中，这种贷出自有资金的活动，被视为一种生产活动，相对应的机构单位也归入金融机构部门。

2.2.5　金融机构的部门分类

由于各种金融机构的活动存在差异，因而，为了核算分析的需要，须根据一定标准对金融机构进行分类。2008 年 SNA 按照金融机构所从事的金融活动的性质，将金融机构分为金融中介机构、金融中介辅助机构和其他金融机构。金融中介机构根据业务特点，分为中央银行、其他存款性公司、货币市场基金、非货币市场投资基金、保险公司和养老基金以外的其他金融中介、保险公司和养恤基金；金融辅助机构是为金融中介活动提供辅助服务的单位，常见的金融辅助机构包括经纪人与代理机构、外汇公司、金融担保公司、保险和养老辅助机构及其他金融辅助机构等；其他金融性公司，是指提供金融服务，但其大部分资产或负债不在公开金融市场交易的机构单位。

类似于金融机构的部门分类，金融产业部门分类是按金融活动的同质性将金融基层单位划分和归并为若干子部门。有关金融产业部门分类的标准或体系有很多，其中最具代表性的是《全部经济活动的国际标准产业分类》（International Standard Industrial Classification of All Eeonomic Aetivities，ISIC），该分类体系是联合国为了使世界各国的产业分类统计资料，在国际间具有一定程度的可比性，于 1948 年首次制定的，后来根据时代发展的需要，分别于 1958 年、1968 年、1989 年和 2008 年做了四次修订，现行的是 2008 年颁布的第四版的更新版（ISIC. Rev. 4），将国民经济划分为 21 个门类，88 个大类，238 个中类、420 个小类。有关金融和保险业的具体分类如表 2 - 2 所示。

表2-2　国际标准产业分类（ISIC. Rev. 4）关于金融和保险的分类

门类	大类	中类	小类
金融和保险活动	保险和养老基金以外的金融中介	货币中介活动	中央银行业务（发行和管理一国货币；货币供应量的监控；监管银行业务持有国际储备资产等）
			其他货币中介活动（银行、储蓄银行、信用合作社等）
		其他金融中介	金融控股公司；信托、基金和类似金融实体；金融租赁；其他信贷授予（消费信贷等）；证券投资等
	保险、再保险和养老基金，强制性社会保障除外	保险、再保险和养老基金，强制性社会保障除外	人寿保险；养老基金；非人寿保险
	金融服务和保险活动的辅助活动	金融服务活动的辅助活动，保险和养老基金除外	金融市场管理；证券和商品合同经纪；其他金融中介辅助活动（金融顾问、抵押顾问和经纪人等）
		保险和养老基金辅助活动	风险和损害评估；保险代理人和经纪人的活动等

资料来源：https：//unstats. un. org/unsd/publication/seriesm/seriesm_ 4rev4e. pdf.

2.3　直接测算的金融中介服务产出核算

　　金融中介服务产出通常包括显性产出和隐性产出两部分，而且，通常情况下显性产出占比比较小，而且产出的计算方法较为简单。这里我们重点讨论直接测算的金融中介服务产出，即显性金融中介服务产出。隐性金融中介服务产出，即间接测算的金融中介服务产出相关问题将在后面章节重点研究。直接测算的金融中介服务概括为图2-1所示。

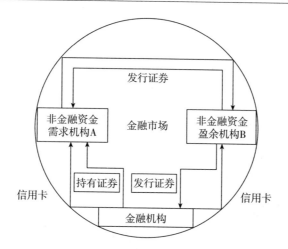

图 2 - 1　直接测算的金融中介服务

随着金融市场的不断发展，金融工具层出不穷，银行等金融机构的运营方式发生了很大变化，从传统的存贷款业务向更加多元化金融工具业务发展，即不仅通过吸收存款，还通过其他如发行票据、债券、股票等方式筹集资金，通过发放贷款和其他方式如持有股票、债券和其他有价证券进行投资。在这种情况下，金融中介服务不仅与存贷款有关，而且与其他金融工具也有关。如图 2 - 1 所示，银行等金融机构可以通过发行证券从一个非金融资金盈余部门 B 筹集资金，再通过持有非金融资金需求机构 A 的证券将资金流动到资金需求单位。在这一过程中，银行等金融机构为资金供需双方提供了金融中介服务，避免了非金融机构的搜寻成本和证券投资管理成本，也即银行等金融机构提供了与证券有关的投资管理服务。现实中这种证券的买卖一般在证券交易所等金融市场中进行，这类证券投资管理服务一般会有明确价格标示，比如交易佣金、服务费用等。在这种情况下，金融中介服务产出的价值就等于所收取的交易佣金、服务费等。总体上看，银行业等金融机构对金融中介服务的这种直接收费占比较小。

伴随着社会经济的不断发展，银行信用卡业务已在社会各个领域有着广泛的应用，深刻地影响着人们的工作与生活。信用卡发放机构向那些把信用卡作为货物和服务支付手段的单位收取的服务费，是目前银行等金融机构最普遍也是数量最大的直接收费。如图 2 - 1 所示，银行等金融机构向非金融机构提供信用卡办理业务，非金融机构持有信用卡进行消费、投资等活动。在这一过程中，银行等金融机构会向办理信用卡的用户收取一定额度的费用。这个费用通常按销售额的一定百分比（如 1%、2%）计算。对于总数庞大的销售额来说，这一收费额应是相当可观的。在 2008 年 SNA 中，这一收费额应作为银行等金融机构的产出记录，并且接受信用卡作为支付手段的公司也应记为其中间消耗。忽视信用卡公司的作用，不影响相应货物和服务的支出，但会造成金融机构部门的总产出的低估。除了这种对接受信用卡作为支付手段的企业的收费以外，信用卡发行机构通常每年还将向持卡人收取一定数额的直接费用。

2.4 本章小结

本章仅就金融服务宏观核算中几个主要问题的相关理论进行了梳理，为 FISIM 核算奠定理论基础。对于金融服务产出的核算，目前仍然是国民经济核算领域的热点问题，关于金融服务的研究探讨仍在发展完善之中，需要继续解决的问题还有很多，主要问题之一是关于存贷款服务的核算，并且随着金融业的不断创新与发展，新的关于存贷款服务问题有待进一步地探索和挖掘。

第❸章
现价 FISIM 核算理论研究

金融业务交易的服务费用按收取费用的方式不同可分为显性费用和隐性费用，如图 3-1 所示。其中隐性收费是与存贷款相关的服务，即间接测算的金融中介服务（Financial Intermediate Services Indirectly Measured，FISIM）。上述问题源于金融机构与国民经济核算关于 FISIM 核算的差异。一方面表现为总量核算方面的差异，包括风险调整因素等；另一方面为国民经济核算部门分摊的问题，FISIM 分摊到 GDP 的部分具有很高的波动性，而实际国民经济核算 FISIM 分摊还没有考虑波动性问题，从而导致宏观决策与金融机构的实际情况出现偏差，不能及时对金融机构出现的问题做出宏观调控。

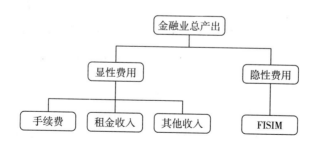

图 3-1 金融业总产出分解

3.1 文献综述

长期以来，多数国家银行等金融机构的主要资金来源于收取的贷款利息与支付存款利息之差。国民经济核算的先辈们意识到，若按照其他行业增加值计算的方法计算银行存贷款业务的增加值，会得到一个很低甚至为负值的营业盈余。为了避免出现这种现象，起初考虑在计算金融机构存贷款业务总产出时增加一个虚拟项，用以反映金融机构"免费"为存贷款者提供的服务。A. Vanoli（2005）在研究国民账户体系（System of National Accounts，SNA）的发展历史时指出，有关银行业产出测度的争论早在 1952 年《标准国民账户体系》报告中就已涉及。从那时起，大多数专家学者都致力于改进这一方法。1953 年 SNA 和 1968 年 SNA 将这种金融机构"免费"提供的服务称为"虚拟服务"，并探究了其产出和使用方法。1993 年 SNA 与以往不同，称这些金融机构的"虚拟服务"为"间接测算的金融中介服务（FISIM）"，用以说明这些间接收取的服务费与直接收取的服务费一样，是金融机构产出的主要组成部分，唯一不同的是，FISIM 的产出是间接计算的。

C. W. Sealey（1977）认为，银行系统的产出估计一直以来存在争议的原因在于，银行提供的许多服务不直接向客户收取费用。P. Stauffer（2004）的研究指出，FISIM 的概念一直被隐含在国民账户体系中。众所周知，在各种服务行业中，金融中介部门是一个产出难以衡量的部门。事实上，金融机构许多类型的服务产出都不是直接测度的，而实际价值必须使用间接方法来估算。因此，对测度金融部门的产出，一直存有争议。历史上曾有两种方法测度 FISIM，一种是国民账户方法，即 1993 年 SNA 推荐的方法；另一种是生产功能方法。这两种方法有一些不同之处。例如，P. Hill（1996）认为，1993 年 SNA 中的生产是指利用劳动和资本进行某种经济活动的过程，这一过程将投入转化为产出同时产生要素收入。按照这一定义，贷款服务不属于生产活动。

近年来，国外专家、学者的研究主要集中在 FISIM 总量核算中参考利率的确定及部门分摊方面。I. Begg 等（1996）认为，1993 年 SNA 用 FISIM 的概念来衡量包括银行在内的金融机构所提供的中介服务的产出与金融机构早先的总产出测度方法有明显的不同。A. B. Chakraborty（2007）的研究表明，印度金融机构总产出的核算方法与 1993 年 SNA 保持一致。2008 年 SNA 认为，FISIM 应剔除风险溢价，即参考利率不包含任何服务因素且考虑存贷款的风险和期限结构。Berger, M.（2010）介绍了 FISIM 的概念及测算困难。Kyle K. Hood（2010）用非人寿保险费计算违约风险溢价，估算了银行的名义产出。Dennis Fixler（2010）利用对非人寿保险费率作为风险溢价信息的估计，进而估计金融机构自用的风险管理服务的市场价值，并分析其对 GDP 的影响。Colangelo, A.（2010）研究了违约风险和期限风险对银行产出的影响。Reinsdorf（2011）指出，在 FISIM 的价格测度中，有效收益率优于排除违约风险溢价的价格收益率，这与国民账户方法是一致的，在国民账户方法中，FISIM 是基于贷款人的视角，而不是基于银行的视角，这些贷款人支付了额外的利息，而这些利息是支付违约预期成本所必需的。Derick Cullen（2011）从国民账户、消费者价格指数和国际收支平衡表等方面考察了澳大利亚的 FISIM 核算进展。Zieschang, K.（2011）研究了风险对 FISIM 核算的影响。Basu, S., R. Inklaar（2011）认为，定期和风险溢价的补偿被视为银行提供的生产性服务，而不应记录为投资者和贷款人的收入分配。他通过考虑风险价值的参考利率测度了美国商业银行的产出。Schreyer（2009）和 Diewert（2011）对国民账户中银行服务进行了测算。Antonio Colangelo（2012）认为，参考利率应该考虑存款和贷款的风险特征，按此法，欧盟的 GDP 将下降。Esther Ohana（2012）估算并在机构部门之间，按照中间使用和最终使用分摊了 FISIM。Aotearoa 等（2012）研究了新西兰统计局 FISIM 核算包括的交易类型。Philippon 等（2013）研究显示，美国使用国债利率作为参考利率估计 FISIM 产出，法国等欧盟国家、日本使用银行间同业拆借利率作为参考利率。20 世纪 80 年代中期以来，法国等国按这一银行间同业拆借利率核算的金融业增加值占 GDP 的份额不断下降。

FISIM 总量核算的关键在于参考利率的确定，而参考利率的确定关键是考查如何从存贷款利率中分离服务费率的问题。在国际标准方面，1993 年 SNA 认为，参考利率是代表资金借入者的纯成本的利率，即剔除全部风险成本和全部中介服务费用以后得到的纯粹"财产收益率"。可以选银行间同业拆借利率或中央银行贷款利率作为参考利率。1993 年 SNA 推荐的这种计算银行产出的方法，考虑到了贷款和存款的应付利息和应收利息之间的差异，但这一方法不考虑具体期限和风险如何，使用相同的单一参考率来衡量与所有类型活动有关的资金成本，故而存在缺陷。2008 年 SNA 认为，参考利率的选择应该考虑风险因素和流动性调整因素。2010 年欧洲国民经济账户体系（ESA）与 2008 年 SNA 保持一致，且欧盟成员国在实践中总结出六种参考利率：①银行间同业拆借利率或其加权值；②国库券利率；③回购市场利率；④存贷款利率的加权值；⑤中间值参考利率；⑥期限匹配利率。其他国家在核算金融业总产出时也运用了不同的利率。由于没有统一的标准选择参考利率，因而，各国一般根据自己的经济情况和数据获得性来选择适合本国的参考利率。

关于风险资产风险溢价和利率期限风险研究的文献比较多，典型的模型有 Breeden 和 Litzenberger（1978）以及 Breeden（1979）提出的消费资本资产定价模型（CCAPM 模型），把消费因素考虑在内，考察风险资产的风险溢价。Cox - Ingersoll - Ross（1985）提出的 CIR 模型，主要用于考察利率的期限风险。比利时和欧洲统计局（2000）的早期论文研究了一套不同的确定参考利率的方法。Fixler（2001，2003）对参考利率方法进行了详细的论述，得出当金融机构用政府证券作为其存款负债的后盾时，特别是那些只接受存款和还本付息的机构，参考利率可以考虑选择与服务流程相关的资产/负债到期期限相匹配的政府债券利率（无违约风险）。William A. Barnett 等（2004）采用资本资产定价模型（CAPM 模型）研究了关于风险金融资产的使用者成本。Yuji Onuk（2003）试算了日本的 FISIM。J. Christina Wang（2004）把银行的发行贷款看作是无风险贷款和看跌期权的组合，采用 CCAPM 模型确定参考利率，研究风险对参考利率的影响，结果表明，参考利率应该考虑风险因素。P. Supaarmorakul（2008）对泰国经济的研究表明，FISIM 总产出的数值会因利率、参考利率和减缩指数的选择不同而不同。因市场利率更能反映金融企业在泰国的总产出，故他更倾向于用市场利率来估计 FISIM 的价值。他进一步指出，使用中间利率的一个主要缺点是，它没有充分反映当前的经济状况和相应的利率变动。M. Davies（2010）的研究指出，澳大利亚的中间值（midpoint）参考利率可能存在一些缺点。例如，当住房贷款证券化显著增加时，采用以存款和贷款利率与证券商发行的证券融资利率之间的中点计算的参考利率，产生了难以解释的结果。S. Hagino 等（2010）在日本的案例研究中认为，基准利率应以货币市场利率和其他存款公司的债权利息为基础，并建议贷款方采用多重基准利率。Barosevic 等（2011）检验了不同参考利率测度的 FISIM 对 CPI 的影响。M. Berger 等（2014）的研究表明，英国国家统计局（ONS）更倾向于使用伦敦银行同业拆借利率（LIBOR）。CSO（2015）的研究显示，印度国民账户体系将平均存贷款利率作为参考利率。Abhiman Das 等（2017）选择了平均活期存款货币利率、平均回购利率、平均政府证券收益率和平均存贷款利率四种利率作为参考利率，研究了印度商业银行实施 2008 年 SNA 所面临的问题和挑战。

关于"零利率"政策研究方面，De Bondt（2005）认为，"零利率"政策对于评估银行小额零售存贷款利率传导（Interest Rate Pass – Through，IRPT）及银行业增加值的影响非常重要。Antonio Colangelo（2012）提出了一种新的方法，利用 IRPT 来选择各种参考利率，以考察利率期限和风险溢价。Busch R.（2015）的研究发现，德国在金融危机后的低利率环境下，银行零售存款的净息差，尤其是定期存款，下降了多达 97 个基点。同样，Borio 等（2015）对 108 家相对较大的国际银行进行了抽样调查，发现短期利率水平低和收益率曲线平坦对银行的净利息收入有负面影响。使用 IRPT 来选择参考利率，则此参考利率对时间是很敏感的。正如 Bernhofer 等（2013）的研究结果，欧元区国家之间在市场利率向银行利率的传递方面存在着广泛的差异。Apergis 和 Christou（2015）的研究表明，当利率接近零利率下限时，货币政策对贷款的影响完全无效；分析证明，存款上存在负银行产出价值。如果货币市场无风险利率低于存款的平均利率，则银行存款的增加值可能变为负值。Bertrand Groslambert（2016）采用 Antonio Colangelo（2012）的 IRPT 方法通过建立误差修正（ECM）模型确定参考利率，研究结果表明，在法国财政困难时期，采用 IRPT 方法与 SNA 推荐的参考利率方法得出的银行产出估计值存在着很大的差异，后者在 2003～2012 年高估了银行产出，平均为 31%～74%。

在国内，许宪春（2002）研究了 1993 年 SNA 关于 FISIM 的分摊方法，一部分作为中间投入，另一部分作为最终使用分配给存款人，主要为住户部门的最终消费和进出口。陈可（2009）研究了相关的金融核算理论，构建了四种参考利率，试算了 2007 年广东省金融业总产出和金融业增加值。蒋萍等（2012）回顾了 FISIM 核算方法的演进及在中国的发展历程，梳理了 FISIM 的最新研究进展，指出 FISIM 所含服务的构成，特别是风险管理和流动性转换，对 FISIM 具体价格和数量的影响等。杜治秀（2017）从理论上分析了采用参考利率计算的 FISIM 总量核算和部门分摊方面的问题，及采用参考利率法计算对 GDP 及收入分配的影响。2016 年《中国国民经济核算体系》建议，采用参考利率法核算 FISIM 总产出，并在部门间按参考利率分摊。

许宪春（2001，2002a，2002b）研究了 1993 年 SNA 关于间接测算的金融中介服务产出（FISIM）的使用，认为可以采用两种处理方法。其中之一为 FISIM 的一部分作为中间投入，另一部分作为最终使用分配给存款人，住户是最主要的存款人，故要作为最终消费处理。此外，FISIM 还涉及进出口。研究表明，采用这种方法处理后，FISIM 对住户的分配导致 GDP 微小的上升，FISIM 对净出口的分配会导致 GDP 的贡献微乎其微地下降，FISIM 对住房贷款的分配属于中间投入，不会对 GDP 产生影响。此外，关于机构部门分类，他指出，加拿大因中央银行的作用不同于其他银行，中央银行按一般政府部门处理。徐雄飞（2006）阐释了中国 FISIM 核算实践，中国目前没有采用参考利率法核算 FISIM，2005 年经济普查第一次对 FISIM 进行了分摊。曹小艳（2008）对 FISIM 总量计算、使用分摊、参考利率的选择、FISIM 可比价计算等方面进行了国际比较研究。杨灿等

（2009）研究了 FISIM 核算的国际进展及中国的实践情况。刘丽萍（2009）认为，金融中介服务产出计算时考虑的参考利率是一个介于存款利率和贷款利率之间并且不包括风险和手续费的平均利率。同时，她还指出，2008 年 SNA 对于金融工具，如有价证券等，只有在能够明确其使用者的情况下才可以作为金融中介服务产出记录。胡皓（2010）提出，通过计算金融中介服务费率来获得参考利率，并用此估算了广东的金融中介服务总产出。"SNA 的修订与中国国民经济核算体系改革"课题组（2013）介绍了 2008 年 SNA 关于中央银行产出的核算方法，并结合中国实际进行了具体分析。贾小爱（2013a，2013b）讨论了 FISIM 核算的范围，即核算主体、客体及载体，进而研究了间接测算的金融中介服务产出核算方法，并利用现有数据对各种可选择的参考利率进行检测比较，并简单试了中国的 FISIM。杜治秀（2014）考察了用金融衍生工具价值衡量风险溢价对 FISIM 核算的影响。李佩瑾等（2016）研究了参考利率风险调整的思路。

上述国内外文献大多研究总量核算中的参考利率的确定及对 GDP 的影响，而系统研究 FISIM 及其对 GDP 及收入分配影响的文章并不多。本章结合前述金融危机中宏微观数据背离问题，以 SNA 系列版本等为基础，以 FISIM 总量核算研究为起点，通过部门分摊研究，从收入法 GDP 的角度展现 FISIM 对金融业增加值及以增加值为起点的收入分配的影响，从支出法 GDP 的角度，展现 FISIM 对"需求侧"的影响。最后，借鉴部分国家的核算实践经验，结合目前中国实际得出对中国 FISIM 核算的启示。

综观国内学者的研究，主要还是集中于 FISIM 核算的理论研究部分，对于从实证角度考查 FISIM 参考利率的确定及根据参考利率对 FISIM 产出进行分摊，进而分析对 GDP 影响的文章并不多，本章研究 FISIM 产出核算中参考利率的选择与确定问题，通过比较参考利率的不同确定方法，并结合中国的实际数据进行实证分析，为中国参考利率的确定提供参考。

3.2 FISIM 总量核算研究

3.2.1 核算范围

FISIM 一词最早出现在 1993 年 SNA 中，一直沿用至 2008 年 SNA。不同版本的 SNA，FISIM 核算的处理也不尽相同，如表 3 - 1 所示。在核算主体方面，2008 年 SNA 首次澄清了中央银行的活动。中央银行生产的服务被确认为三个组别，即金融中介服务、货币政策服务以及对金融公司的监管服务。核算的金融工具仅限于存贷款，不包括其他金融工具。包括所有的存贷款，原因在于，对存款人来说，无论资金是否被贷出，他都会获得同等的利息和服务；对贷款人来说，无论资金是来源于中介资金还是银行的自有资金，他都要支付相同的利率并得到相同的服务，因此，金融机构提供的所有存贷款服务都要虚拟为收取了间接服务费。不包括其他金融工具，源于 2008 年 SNA 关于金融中介服务的定义，它认为只有用户直接与金融中介机构（Financial Intermediaries，FIs）交易，才被认为得到了 FIs 提供的服务。其他金融工具，如股票，债券等，直接在金融市场交易，不涉及 FIs，无法体现服务的直接特性。按照是否包括自有资金服务，1993 年 SNA 与 2008 年 SNA 关于存贷款 FISIM 计算的区别，如图 3 - 2 和图 3 - 3 所示。可见，1993 年 SNA 中自有资金服务产生的部分 SNA 利息收入归入 2008 年 SNA 贷款 FISIM 中。

把表 3 - 1 中 2008 年 SNA 核算主体置于经济总体部门中观察，如表 3 - 2 所示。表 3 - 2 为 2008 年 SNA 的部门代码表，其中标为灰色的部分即为 FISIM 的核算主体。若按服务是否具有市场性，可分为市场性服务和非市场性服务，其中，中央银行从事的是非市场性服务，如图 3 - 4 所示。

表 3-1　SNA 关于 FISIM 核算的不同处理

SNA 方法 ＼ 年份	1953	1968	1993	2008
核算主体	商业和存款银行及相似的金融机构	商业和存款银行，存款和贷款协会，相似的金融机构	FIs（S12）：中央银行（部门代码 S121）；其他存款公司（部门代码 S122）；保险公司和养老基金以外的其他金融中介机构（部门代码 S125）	FIs（部门代码 S12）：中央银行（部门代码 S121）；中央银行以外的存款性公司（部门代码 S122）；保险公司和养老基金以外的其他金融中介机构（部门代码 S125）；专属金融机构和贷款人（部门代码 S127）
金融工具	财产包括存款、股票和土地等	财产包括存款贷款、股票和土地等	财产包括与中介资金有关的存款贷款、股票和土地等；不排斥债务证券和来自"自有资金"的贷款	仅限于存款和贷款，且贷款由金融机构提供，存款存入金融机构，包括自有资金贷款
核算客体	财产收益	财产收益；不包括自有资金的收入	金融工具纯粹金融中介服务＋风险溢价	存贷款纯粹金融中介服务、风险管理服务和流动性转换服务
计算方法	投资收益－存款利息	贷款利息收入＋红利＋地租－存款利息支出	收支差法：贷款利息收入－存款利息支出＋红利＋地租－银行"自有资金"收入	参考利率法：（贷款利率－参考利率）×贷款总额＋（参考利率－存款利率）×存款总额

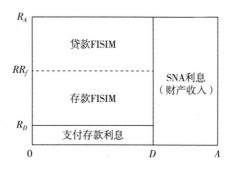

图 3-2　1993 年 SNA 关于存贷款的 FISIM

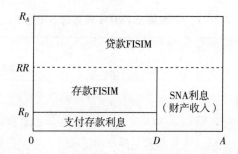

图 3 - 3　2008 年 SNA 关于存贷款的 FISIM

表 3 - 2　2008 年 SNA 中部门代码①

S1 经济总体

　S12 金融公司

　　S121 中央银行

　　S122 中央银行以外的存款性公司

　　S123 货币市场基金（MMFs）

　　S124 货币市场基金以外的投资基金

　　S125 保险公司和养老基金以外的其他金融中介机构

　　S126 金融辅助机构

　　S127 专属金融机构和贷款人

　　S128 保险公司

　　S129 养老基金

　S13 一般政府

　S14 住户

　S15 为住户服务的非营利机构

S2 国外

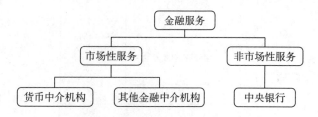

图 3 - 4　金融服务与金融机构关系

---

① 引自《2008 年国民经济核算体系》的附录 1 部门代码。

3.2.2　参考利率问题研究

由 2008 年 SNA 的 FISIM 总量计算方法可知，FISIM 总量核算的关键在于参考利率的确定。参考利率与存贷款利率及 FISIM 之间的关系概括为图 3 - 5 所示。

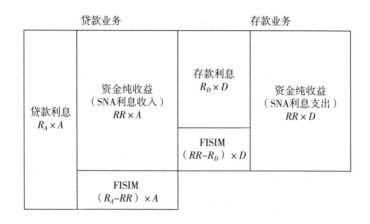

图 3 - 5　参考利率与存贷款利率及 FISIM 之间的关系

1993 年 SNA 中参考利率表示借入资金的纯成本，即这个利率最大限度地剔除了风险溢价且不包含任何中介服务因素，可以选择银行间同业拆借利率或者中央银行的贷款利率，将风险溢价作为提供服务的回报计入金融中介服务产出。但是，随着经济的飞速发展，当金融市场比较发达时，金融工具种类繁多，风险资产的收益率高于无风险资产的收益率，按照无市场价格资源成本估算的机会成本法，存贷款的参考利率应该选择风险资产的收益率。而且，实际中风险溢价也被视为 FIs 的财产收入。因而，风险溢价不应该计入金融中介服务产出，它应该属于资金的占用成本部分。

2008 年 SNA 中参考利率应考虑风险溢价，并且不包含任何服务因素。按实际中 FIs 能否承担最终风险，也即存款和贷款面临的风险是否相同，参考利率的选择大致可归为三种类型：一是存贷款都没有风险，即存贷款面临的风险可以完全消除，此时参考利率可选择无风险利率。二是存款风险小于贷款风险，这种情况表现为 FIs 一般信用保障较高，完全能够承担最终风险，此时存款面临的风险较小，可忽略不计，故存款的参考利率可选择无风险利率。而贷款就不同，可能会有违约的情况，因而，对于贷款而言，机会成本就不同，参考利率选择自然要包括贷款风险溢价。美国国民收入和生产账户（National Income and Product Accounts，NIPA）（2014）指出，FISIM 的价值应减去由于贷款违约风险造成的贷款准备金损失，按照风险补偿原理，贷款的参考利率中的风险溢价可选择存款准备金率近似，这种情况的存贷款 FISIM 概括为图 3 – 6 所示。三是存款和贷款面临的风险相同，这种情况主要是 FIs 没有较高的信用保障，风险势必转移给存贷款者或者其他机构部门，这样一来，存款和贷款面临的风险相同，二者的参考利率相同，且高于无风险利率，如图 3 – 7 和图 3 – 8 所示。FIs 存贷款风险在一定程度上是由贷款风险引起的，由图 3 – 8 可知，FIs 不能够承担由贷款引起的风险，就会将风险转移给存款人或者保险机构，使得存贷款面临相同的风险。贷款风险导致 FIs 向贷款人支付风险溢价，这部分风险溢价属于 FIs 的机会成本，应从贷款的 FISIM 中剔除。同时，FIs 通过购买存款保险等将这部分风险溢价转移给其他部门，替存款人购买保险属于 FIs 的服务，应计入存款的 FISIM。按照风险转

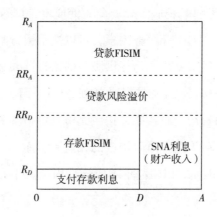

图 3 – 6　考虑贷款风险溢价的 FISIM

注：纵轴表示利率，横轴 D 表示存款余额，A 表示贷款余额。

移原理，可以认为，支付的风险溢价等于购买存款保险的服务费，即贷款的 FISIM 剔除风险溢价，存款的 FISIM 中计入等价于风险溢价的服务费。由图 3-7 可知，如果存贷款面临相同风险，考虑同样的风险溢价即参考利率相同，为 RR_R，与无风险利率（RR_f）相比，存款的 FISIM 增加，贷款的 FISIM 减小。减小的 FISIM 一部分归入存款的 FISIM，另一部分归入 SNA 利息计入财产收入。图 3-7 贷款的参考利率考虑了风险溢价，存款的参考利率取无风险利率，使得贷款的 FISIM 较参考利率为无风险利率计算的贷款的 FISIM 减小。

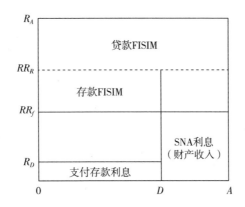

图 3-7　存贷款面临相同风险的 FISIM

注：纵轴表示利率，横轴 D 表示存款余额，A 表示贷款余额。

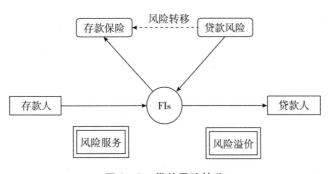

图 3-8　贷款风险转移

在这种情况下，参考利率的确定可以以贷款的参考利率出发来确定，按照机会成本的原理，贷款的参考利率可从其他资产的收益率的角度考虑。构建 FIs 资金流量与存量表，如表 3 - 3 所示，表中代码为 2008 年 SNA 各指标的代码[1]。设 FIs 除贷款之外的其他金融工具有存款、债券和股权资本。此 FIs 使用的金融工具只有存款、债券和股权资本，没有贷款。记 $\overline{AFA}$ 为除贷款之外其他金融资产列向量，$\overline{AFL}$ 为除贷款之外其他金融负债列向量。按照收入等于支出的原理有：

表 3 - 3　FIs 资金流量与存量表

概念	流量		存量	
	使用	来源	资产	负债
总产出		P1		
直接产出的价格列向量		p		
直接产出的产量列向量		y		
中间消耗	$\widetilde{P2}$			
雇员报酬	D1			
生产税	D29			
固定资本折旧	- P51c			
非金融资产			AN	
金融工具			AFA	AFL
非股权类工具				$\widetilde{AFL}$
存款			AF2DA	AF2DL
债券			AF3A	AF3L
贷款			AF4A	AF4L
股权资本			AF51A	AF5CL

$$p'y + r'_{AFA}\overline{AFA} = \widetilde{P2} + D1 + D29 - P51c + r'_{AFL}\overline{AFL} \qquad (3-1)$$

其中，r_{AFA} 为除贷款之外其他金融工具收益率列向量；r_{AFL} 为除贷款之外其他金融负债支付收益率列向量。

引入参考利率 RR，按照一般 FIs 贷款来源于负债工具的原理，参考利率等于

---

① 参考《2008 年国民经济核算体系》，附录 1。

资金成本的参考利率为 $\hat{r}_{AFL}$，同时资金成本的参考利率等于其实际利率 r_{AFL}。则式（3–1）可写为：

$$p'y + (r_{AFA} - RR \cdot \iota)'\overline{AFA} + RR(\iota'\overline{AFA}) = \widetilde{P2} + D1 + D29 - P51c +$$
$$(\hat{r}_{AFL} - r_{AFL})'\overline{AFL} + \hat{r}'_{AFL}\overline{AFL} \qquad (3-2)$$

其中，ι 为分量为 1 的列向量。化简式（3–2）得参考利率的计算公式：

$$RR = \frac{p'y + r'_{AFA}\overline{AFA} - (P2 + D1 + D29 - P51c)}{\iota'AFL} \qquad (3-3)$$

式（3–3）即为存款与贷款面临相同风险时的参考利率 RR，为后文分析方便，这里把这一参考利率命名为"账户参考利率"。由式（3–3）可知，参考利率包括风险溢价。

综上，考虑风险溢价的参考利率更能反映当前 FIs 的实际交易面临的风险情况。FISIM 核算采用包含风险溢价的参考利率，才能更准确地核算目前 FIs 的增加值。

3.3　FISIM 的部门分摊问题研究

1968 年 SNA 认可金融中介服务是一种生产活动，应对其进行生产核算。但由于 FISIM 在现实的机构部门间分摊存在难度，为了避免分摊不准确带来麻烦，它提出了一个虚拟行业部门，且这个虚拟行业没有自身的产出，只消耗 FIs 提供的中间产品。全部的 FISIM 就被认为是这个虚拟行业的中间消费，虚拟行业的增加值为中间消耗的相反数，因此，尽管存贷款利息差是银行的利润，但全部作为其他部门的成本，银行活动规模的大小并不影响一国 GDP 的规模。具体如表 3–4 所示。从支出法看，一国的 GDP = F_T；从收入法看，一国的 GDP = $Q_F - X_{TB} + Q_T - X_{TT} - Q_F = F_T$，显然，FIs 的 FISIM 产出（$Q_F$）被虚拟部门的负的增加值（$-Q_F$）抵消。换句话说，尽管存贷款利息差是银行的利润，但全部作为其他部门的成本，因此，银行活动规模的大小并不影响一国 GDP 的规模。

表 3 – 4   1968 年 SNA 中的 FISIM 分摊

	银行及相似的 FIs	其他部门	虚拟部门	最终使用	总产出
银行及相似的 FIs	0	0	Q_F	0	Q_F
其他部门	X_{TB}	X_{TT}	0	F_T	Q_T
虚拟部门	0	0	0	0	0
最初投入	$Q_F - X_{TB}$	$Q_T - X_{TT}$	$-Q_F$		
总投入	Q_F	Q_T	0		

将 FISIM 全部计入一个虚拟部门，会忽略金融中介机构与其他产业部门间的生产技术联系。而且 FISIM 中有一部分是最终使用，若全部计入中间消费，就会过高地估计中间消费量，造成 GDP 的低估，同时也不利于"需求侧"的宏观决策。当然，在金融业不太发达的国家，FISIM 用于最终消费的量也很小，全部计入中间消费还是部分计入最终消费，对 GDP 总量的影响不会很大。鉴于此，1993 年 SNA 在保留了 1968 年 SNA 关于 FISIM 处理方法的同时，推荐对 FISIM 进行分摊，分为企业的中间消费和住户部门的最终消费与出口。如表 3 – 5 所示，企业消耗 FIs 的 FISIM 作为中间消耗的量 (X_{ET})，体现了 FIs 与企业之间的生产技术联系。FIs 的 FISIM 另一部分用于住户部门消费 (F_{FH}) 和出口 (X_{FX})，体现了 FISIM 的最终使用部分分摊到 GDP 中的使用结构，便于宏观决策的"需求侧"分析。

表 3 – 5   1993 年 SNA 和 2008 年 SNA 中 FISIM 分摊

投入 \ 产出	中间使用			最终使用			总产出
	FIs	企业	其他	住户	其他	出口	
FIs	0	X_{ET}	0	F_{FH}	0	X_{FX}	$Q_F = X_{ET} + F_{FH} + X_{FX}$
企业	X_{EB}	X_{EE}	X_{ET}	F_{EH}	F_{ET}	X_{EX}	Q_E
其他	X_{TF}	X_{TE}	X_{TT}	F_{TH}	F_{TT}	X_{TX}	Q_T
最初投入	$Q_F - X_{EB} - X_{TF}$	$Q_E - X_{ET} - X_{EE} - X_{TE}$	$Q_T - X_{ET} - X_{TT}$				

产出 / 投入	中间使用			最终使用			总产出
	FIs	企业	其他	住户	其他	出口	
其他	$C+V$	$C+V$	$C+V$				
营业盈余	$M=Q_F-X_{EB}-X_{TF}-C-V$	$Q_E-X_{ET}-X_{EE}-X_{TE}-C-V$	–				
总投入	Q_F	Q_E	Q_T				

1993 年 SNA 关于 FISIM 的分摊，除了按照 1968 年 SNA 的方法将 FISIM 计入虚拟部门外，还有两种方法：一种是采用参考利率在各产业部门和机构部门之间分摊；另一种是采用相关金融指标的比例在各部门之间分摊。对于第一种方法，存贷款的 FISIM = 贷款利率×贷款总额 – 存款利率×存款总额，而分摊方法采用的是参考利率法，按照参考利率法得到的部门分摊数额，加总之后会得到一个 FISIM 数额，这个 FISIM =（贷款利率 – 参考利率）×贷款总额 +（参考利率 – 存款利率）×存款总额 = 贷款利率×贷款总额 – 存款利率×存款总额 +（存款总额 – 贷款总额）×参考利率。只有在贷款总额等于存款总额的情况下，这两个 FISIM 的值才会相等。而一般情况下，存款总额不等于贷款总额，导致 FISIM 的这两个值不相等，这表明，采用这种方法，可能会产生 FISIM 的生产量和使用量的不平衡问题。事实上也由于观念上和实际操作的问题，导致按参考利率分摊 FISIM 的建议几乎没有实施。

随着现代金融业的飞速发展，FIs 与其他机构部门的关系越来越密切，且 FIs 对 GDP 的贡献非常大，故而将 FISIM 全部计入虚拟部门的中间消费，会割裂 FIs 与其他部门之间的紧密生产技术联系，而且 GDP 会被大大低估，更不利于 "需求侧" 的宏观决策。2008 年 SNA 完全否定了 1968 年 SNA 的 FISIM 的处理方法，采用包括风险调整因素的参考利率，在所有使用者包括存款者和贷款者之间进行分摊。表 3 – 5 至表 3 – 8 展现了采用参考利率计算并分摊 FISIM 对生产核算、收入初次分配核算和收入使用核算的影响。

表 3-6   FIs 收入初次分配变化

使用		来源	
应付财产收入	不变	营业盈余	减小
		应收财产收入	减小
初次分配总收入	减小		

表 3-7   住户部门收入初次分配变化

使用		来源	
应付财产收入	减小	营业盈余	不变
		应收财产收入	不变
初次分配总收入	增加		

表 3-8   非金融企业收入初次分配变化

使用		来源	
应付财产收入	减小	营业盈余	减小
		应收财产收入	不变
初次分配总收入	增加/减小		

由表 3-5 可知，在产出方向，FIs 的 FISIM 分摊为企业的中间消费（X_{ET}）、住户的最终消费支出（F_{FH}）和出口（X_{FX}）三项。除住户部门外的其他部门的最终消费没有发生变化，这样，FISIM 的分摊使得最终使用增加，进而使一国支出法核算的 GDP 增加，增加量为 $\Delta GDP = F_{FH} + X_{FX}$。在投入方向，按生产法核算，与 1968 年 SNA 相比，GDP 的增加量为 $\Delta GDP = Q_F - X_{ET} = F_{FH} + X_{FX}$。按收入法核算，营业盈余是一个平衡项目，由总产出减去中间消耗减去雇员报酬减去生产税净额再减去固定资产折旧得到。与 1968 年 SNA 相比，FIs 的 FISIM 分摊到企业部门的中间消费（X_{ET}），就会使得企业部门的营业盈余减小 X_{ET}。除企业和其他部门外，FIs 及虚拟部门的营业盈余增加 Q_F，其他部门的营业盈余不发生变化。此外，FISIM 的分摊对收入法增加值的构成项除营业盈余外的其他项目没有

影响，即雇员报酬、生产税净额和固定资产折旧保持不变。由此，与 1968 年 SNA 相比，收入法 GDP 的增加量为 $\Delta GDP = Q_F - X_{ET} = F_{FH} + X_{FX}$。与 1993 年 SNA 按相关金融指标比例分摊 FISIM 的方法相比，2008 年 SNA 的参考利率分摊法考虑波动性且与总量核算方法保持一致，在实际中，也更贴近微观 FIs 的金融交易情况，便于对 FIs 的宏观调控。

采用参考利率核算 FISIM 对收入初次分配的影响。按照 1968 年 SNA 和 1993 年 SNA 关于 FISIM 总量的核算方法，FISIM 等于全部财产收入减去全部利息支出的余额。2008 年 SNA 采用参考利率核算 FISIM，将 FIs 的服务费从财产收入与利息支出差额中分离出来。如前所述，在贷款总额大于存款总额的情况下，这种方法测算的 FISIM 较 1993 年 SNA 测算的 FISIM 数值减小。参考利率法测算 FISIM，对各部门收入初次分配的影响，主要表现在对财产收入和营业盈余的影响上。以 FIs 为例说明，在 1993 年 SNA 中，贷款利息收入之和减去存款利息支出之和，是财产收入。2008 年 SNA 采用参考利率计算 FISIM，就使得贷款利率中有一部分为金融中介服务费率，而贷款的财产收入应该不包括中介服务费率，故因贷款而产生的财产收入应为参考利率 × 贷款总额。因存款而产生的应付财产收入——利息，不因参考利率变化而变化，仍为存款利率 × 存款总额。一般情况下贷款来源不止存款一项，故贷款额大于存款额，则采用参考利率计算的 FISIM 较 1993 年 SNA 的计算方法，数值变小，在最初投入的其他项不变的情况下，FIs 的营业盈余会减小，且营业盈余的结构会发生变化，如图 3 - 9 和图 3 - 10 所示。

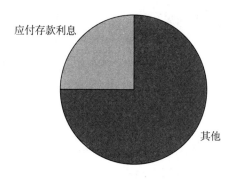

图 3 - 9　1993 年 SNA FISIM 的营业盈余

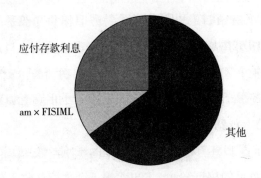

图 3 - 10　2008 年 SNA FISIM 的营业盈余

表 3 - 6 至表 3 - 8 以账户形式展示了各部门受到的影响。由以上分析可知，FIs 的营业盈余减小。此外，FIs 应收的财产收入会因参考利率而变化，参考利率对于贷款而言是纯成本，故因贷款而产生的利息收入应按参考利率计算。这就使得应收财产收入较之前按贷款利率计算的财产收入减小。对于存款，应付利息仍按存款利率计算，故 FIs 的应付财产收入不发生变化。住户部门的营业盈余不发生变化。存款利息为其应收财产收入，不变化。贷款应付利息是其应付财产收入，减小，由原来的贷款利率计算变为参考利率计算。初次分配总收入增加。非金融企业因中间消费金融中介服务增加，在总产出不变的情况下，营业盈余减小。同住户部门，存款利息为其应收财产收入，不变化。应付财产收入减小。

图 3 - 9 和图 3 - 10 中图形面积大小表示营业盈余总量的大小。由图可见，1993 年 SNA 计算的 FISIM 较 2008 年 SNA 计算的 FISIM 大，若营业盈余系数不变，对应于 2008 年 SNA 的 FISIM 的营业盈余较 1993 年 SNA 的也会减小。此外，FIs 的营业盈余结构发生变化，因采用参考利率，应付的贷款利率中有一部分计入服务费，成为贷款的 FISIML，若营业盈余系数 am 不变，则 am × FISIML 会成为营业盈余的一部分。

3.4　部分国家核算实践

随着 SNA 版本的陆续修订，欧盟成员国在 SNA 的指导下陆续推出了相应的欧洲国民经济账户体系（European System of Accounts，ESA）版本。目前最新的 ESA 版本是与 2008 年 SNA 相适应的 2010 年 ESA。2010 年 ESA 第十四章介绍了 FISIM 核算的内容，基本上与 2008 年 SNA 保持一致，细节方面较 2008 年 SNA 更为详细。总量核算方法、核算客体等方面与 2008 年 SNA 一致。核算主体（沿用 2008 年 SNA 的机构部门代码）包括 S121、S122 和 S125，但实际核算中主要集中在 S122 和 S125，按照惯例不包括 S121。关于参考利率的选择，2010 年 ESA 选择了两种，一是内部参考利率，此利率主要用于生产 FISIM 的 FIs 之间。理论上存款数据较贷款数据可靠，故内部参考利率的计算以存款出发，内部参考利率 =（S122 和 S125 内部或部门之间支付存款利息）/（S122 和 S125 内部或部门之间贷款额）。二是外部参考利率，主要是针对 FISIM 的进出口，外部参考利率 =（常住 FIs 与非常住 FIs 之间的贷款利息与存款利息之和）/（常住 FIs 与非常住 FIs 之间的存贷款额之和）。

在 FISIM 的分摊方面，2010 年 ESA 采用参考利率在相应部门分摊。FISIM 的分摊对 GDP 以及收入分配的影响表现在三个方面：一是常住 FIs 的 FISIM 分摊增加 GDP，分摊部门为一般政府、作为消费的住户部门、为住户服务的非营利机构（NPISHs）和国外。二是进口 FISIM 分摊会减小 GDP，分摊部门为非金融企业、金融企业（不包括中央银行）、存款公司（不包括中央银行）、除保险公司和养老基金外的其他 FIs 以及拥有住宅的住户部门和非公司企业。三是进口 FISIM 和常住 FIs 的 FISIM 同时分摊，使得国民收入增加，分摊部门为一般政府、作为消费的住户部门、NPISHs。

在 FISIM 的分摊方面，2010 年 ESA 遵循 2008 年 SNA 的总体要求，但在住户部门 FISIM 的分解方面较 2008 年 SNA 更为详细。2010 年 ESA 分别从存款 FISIM 和贷款 FISIM 角度，把住户部门的 FISIM 分解为中间消费和最终消费两部分，概括为表 3-9 所示。

表 3-9   住户部门 FISIM 的分解

服务 \ 消费	中间消费	最终消费
存款	作为非公司企业的住户部门的存款	作为消费者的住户部门存款
贷款	住户的住房贷款； 作为非公司企业的住户部门的贷款	住户部门除住房贷款外的其他贷款

欧盟成员国大体上遵循 ESA，但也结合各国的具体情况有所不同。如英国、荷兰，英国从核算主体、核算客体、总量核算方法、参考利率的确定，到部门分摊，基本上完全按照 ESA 实施。荷兰总体上保持与 ESA 一致，但参考利率采用加权平均的参考利率。

除欧盟成员国之外，其他国家（其他部分国家的核算实践比较具体，如表 3-10 所示）大体上都以 SNA 为标准，2008 年 SNA 颁布后，各国结合具体情况，与 SNA 相适应，做了不同程度的修订。如美国经济分析局（BEA）按照 2008 年 SNA 的要求，修订了其国民收入和生产账户（NIPA）关于金融服务产出的计算，将贷款违约风险从 FISIM 中剔除。

表 3-10   部分国家核算实践比较

方法 \ 国家	美国	英国	新西兰	马来西亚	荷兰
核算主体	商业银行、信用社、储蓄和信贷机构、被监管的投资公司等金融机构，联邦储蓄银行	中央银行以外的存款性公司（S122），保险公司和养老基金以外的其他金融中介机构（S125）	存款性公司、提供银行服务的非存款性公司	传统商业银行、伊斯兰商业银行、国际伊斯兰银行、投资银行和发展金融机构（DFIs）	同英国，包括 S122 和 S125

续表

方法\国家	美国	英国	新西兰	马来西亚	荷兰
核算客体	贷款、证券化贷款、存款和贷款回购协议服务	存款和贷款服务	存款和贷款服务，不包括证券收益服务	存贷款服务，包括自有资金	存款和贷款服务
总量核算	参考利率法	参考利率法	参考利率法	参考利率法	参考利率法
参考利率的确定	联邦政府债券平均收益率；期限匹配参考利率等	内部参考利率；外部参考利率	中间值参考利率（位于存款利率和贷款利率之间的利率），银行间同业拆借利率，政府债券收益率	中间值参考利率	加权平均参考利率
分摊方法	商业银行的 FISIM 分配给个人、政府、企业和国外，形成相应部门的中间消耗、最终消费或出口，各使用部门的分摊额根据商业银行资产和负债在各部门间的构成情况计算	内部参考利率和外部参考利率和相关指标分摊。中间消耗：产业部门；一般政府（GG）、NPISH 和住户（住房贷款）、作为非公司业主的住户、非金融企业和其他金融机构；最终消费：住户（消费贷款）；出口：非常住者	最终消费：政府和非营利机构等非市场服务者；住户存款、住户消费意图的贷款。中间消费：企业存贷款服务、住户房贷。出口：海外顾客的存款和贷款服务	最终消费：政府存贷款、住户存款和住户与财产无关的贷款服务；中间消费：金融企业存款和非金融企业的存贷款服务以及住户房贷服务	同英国
可比价计算	可比价商业银行总产出减去明确收费的可比价产出计算，其中商业银行可比价总产出沿用银行业总产出的物量指数得到	用 GDP 价格指数缩减存贷款额	遵循 2008 年 SNA 物量核算方法	同新西兰	单位价值法，用于贷款和长期存款；产出指数法，主要适用于短期存款，用存款交易笔数指数缩减存款的 FISIM

3.5 对中国核算的启示

中国 FISIM 核算起步较晚。在总量核算方面，核算的主体是从事信贷业务的银行业 FIs，包括商业银行、政策性银行、城乡信用社、外资银行及非银行 FIs，不包括中央银行。中国 2002 年国民经济核算体系，基本上采用 1993 年 SNA 的方法，采用利息收支差测算 FISIM 总量。FISIM 总量 = 利息收入 + 投资收益 + 租赁收益 + FIs 往来收入 – 利息支出 – FIs 往来支出。与 1993 年 SNA 不同的是，中国 FISIM 并没有扣除自有资金收入。如前所述，与参考利率法相比，这种方法如能准确测算 FISIM，必须存贷款总额大体相等。

FISIM 使用分摊方面，中国经历了三个阶段。第一阶段（2004 年经济普查前），未采用 1993 年 SNA 的处理方法，也未进行分摊，而是采用了一种特殊的方法，将各产业部门利息支出净额全部作为各产业的中间消耗处理，将居民储蓄利息作为金融业的增加值处理。第二阶段（2005 年经济普查与 2008 年经济普查之间），参照 1993 年 SNA 的原则，结合中国的实际，首次对 FISIM 进行了分摊。由于参考利率无法实施，因而采用各产业部门和最终使用部门存贷款余额之和占 FIs 全部贷款余额与存款之和的比例进行分摊，产业部门的分摊额为其中间消耗，最终使用部门的分摊额为其最终使用。第三阶段（2008 年经济普查之后），采用 2008 年 SNA 推荐的参考利率法。FISIM 在非 FIs 产业部门、出口方面分摊，在 FIs 不再分摊。分摊方法为相关指标分摊法。与第一阶段不同的是，用存贷款年平均余额替代存贷款年末余额。综观三阶段的 FISIM 分摊方法可知，它没有对存款服务和贷款服务分别测算，未考虑各种不同类型存贷款的影响，直接采用存贷款总额比例分摊。

以上现状表明，目前中国国民经济核算体系关于 FISIM 的核算，还没有彻底采用参考利率法。而据资料显示，中国自 2002 年开始 FIs 的存贷款差额呈不断扩大的趋势，如果中国国民经济核算中也采用参考利率法核算 FISIM，结合中国目前商业银行贷款违约风险的问题，采用考虑风险溢价的参考利率，那么，FISIM 数值较采用利息收支差法计算 FISIM 增加。中国目前住户的住房贷款及消费的存贷款需求日益增大。如果分摊方面除非 FIs 产业部门、出口方面外，住户部门按住户的住房贷款分摊中间消耗，按其将存贷款用于消费的意图分摊为最终消费，则中国国民经济核算中各机构部门的投入产出情况及收入分配情况较之前会发生一些变化。具体变化如表 3 - 11 和表 3 - 12 所示。这里对比的 FISIM，以 2008 年 SNA 关于 FISIM 的定义为标准。

表 3 - 11　按 2008 年 SNA 的方法计算 FISIM 对中国机构部门产出的影响

投入 ＼ 产出		中间使用				最终使用	总产出
		非金融企业	金融企业	政府	住户		
中间投入	非金融企业						
	金融企业	+			+	+	+
	政府						
	住户						
增加值	劳动者报酬						
	生产税净额						
	固定资产折旧						
	营业盈余	-	+				
总投入			+		+		

注："＋"表示这项数值较之前增加；"－"表示这项数值较之前减少。

表 3 - 12　采用参考利率计算 FISIM 对收入分配的影响

	住户		非金融企业		金融企业	
	使用	来源	使用	来源	使用	来源
增加值		+		-		+
财产收入	-		-			-
初次分配总收入		+		≠		≠
经常转移						
可支配总收入		+				
最终消费	+					
总储蓄		+				

注："＋"表示这项数值较之前增加；"－"表示这项数值较之前减少；"≠"表示这项数值变化不确定。

由表 3-11 可知，采用考虑风险溢价的参考利率计算 FISIM，得到的数值较现有核算体系核算数值会增加，金融企业按比例提供给其他机构部门的中间使用将增加，在其他条件保持不变的情况下，FIs 的营业盈余较之前会增加，进而金融企业的增加值会增加，占 GDP 的比例会增加。非金融企业因其总产出不发生变化，消耗的金融企业提供的中间产品增加，会使得其营业盈余减小，并且营业盈余减小数额等于中间消耗增加的数额。FISIM 分摊为住户部门的中间消耗和最终消耗，较现有核算体系对住户部门不分摊而言，相应数值会增加。同时，因住户部门分摊得到了最终使用，从而使其增加值增加，相应的总产出也增加。此外，从投入产出表的三面等价性可知，GDP 核算的数值较之前会增加。

由表 3-12 可知，参考利率的使用除了影响增加值外，对财产收入也会产生相应的影响，进而影响初次分配总收入和可支配总收入等收入分配项目。对于住户部门而言，增加值会增加，应付的财产收入会减小，这就使得其初次分配总收入较之前会增加。同时，在其他项目保持不变的情况下，住户部门的可支配收入、消费和总储蓄会同比例增加；对于非金融企业部门而言，因其增加值减小，而应付财产收入也减小，初次分配总收入的变化情况不确定；对于金融企业部门而言，增加值会增加，同时应收财产收入会减小，故而其初次分配总收入变化情况也不确定。

3.6 本章小结

根据 SNA 系列版本，从总量核算、部门分摊方面研究 FISIM 及其对 GDP 和收入分配的影响。在总量核算方面，解析了 SNA 系列版本的 FISIM 核算范围，分析了不同范围对总量核算的影响。对比分析了包含风险溢价的参考利率与无风险利率对 FISIM 的影响。按照 FIs 能否承担最终风险，通过分析风险来源、风险补偿及构建 FIs 的资金流量表和存量表等方法，研习了参考利率的三种确定方法。在部门分摊方面，构建 I–O 表解析了，2008 年 SNA 参考利率分摊与虚拟部门法对生产核算的影响，采用账户分析参考利率分摊对部门收入分配的影响。此外，以欧盟为主考察了部分国家 FISIM 核算实践。最后，结合以上分析结论通过投入产出表和资金流量表分析了采用 2008 年 SNA 推荐的参考利率计算 FISIM 对中国生产核算及收入分配核算的影响。

　　本章关于 FISIM 总量核算和部门分摊的研究还处于理论分析层面，理论上分析了采用上述方法对中国 FISIM 核算的影响，对于中国 FISIM 核算实践还需进一步研究。但是，FISIM 总量核算和部门分摊的理论研究是当前统计科学的重大课题之一，对中国国民经济核算的长远发展具有极其重要的现实意义。

第❹章

现价 FISIM 总量核算与
部门分摊实证研究

近年来随着金融业的迅猛发展和日新月异的变化，对 FISIM 产出核算的实践在全世界范围内展开。参考利率的确定是存贷款 FISIM 核算的关键问题之一，参考利率实质上是资金使用的纯成本。风险是金融资产固有的特性，随着金融市场飞速发展，金融资产的流动性也随之加强，因而，对于金融资产的定价就必须考虑风险和流动性调整因素。面对目前日益发展的金融市场，参考利率选择也不再是无风险利率，按照 2008 年 SNA 的建议，参考利率应该考虑风险因素和流动性调整因素的影响。本章构建五种参考利率，并利用这些参考利率研究中国现价 FISIM 总量核算与分摊问题。

4.1   中国 FISIM 核算现状

中国的 FISIM 核算起步较晚。2002 年中国国民经济核算体系下，总量核算和部门分摊方面与国际标准之间有一些差异，这也是由中国经济发展的实际情况决定的，随着中国经济的飞速发展，中国国民经济核算体系逐步与国际标准接轨。

4.1.1　2002 年中国国民经济核算体系关于 FISIM 总量核算

在总量核算方面，核算的主体是从事信贷业务的银行业 FIs，包括商业银行、政策性银行、城乡信用社、外资银行及非银行 FIs，不包括中央银行。中国 2002 年国民经济核算体系基本上采用 1993 年 SNA 的方法，采用利息收支差测算 FISIM 总量。FISIM 总量 = 利息收入 + 投资收益 + 租赁收益 + FIs 往来收入 – 利息支出 – FIs 往来支出。与 1993 年 SNA 不同的是，中国 FISIM 并没有扣除自有资金收入。如前所述，与参考利率法相比，这种方法如能准确测算 FISIM，必须存贷款总额大体相等。

4.1.2　2002 年中国国民经济核算体系关于 FISIM 的部门分摊

承前所述，在 FISIM 使用分摊方面，中国经历了三个阶段。第一阶段，2004 年经济普查前，未采用 1993 年 SNA 的处理方法，也未进行分摊，采用了一种特殊的方法，即将各产业部门利息支出净额全部作为各产业的中间消耗处理，将居民储蓄利息作为金融业的增加值处理。第二阶段，在 2005 年经济普查与 2008 年经济普查之间，参照 1993 年 SNA 的建议，结合中国的实际情况，首次对 FISIM 进行了分摊。由于参考利率无法实施，因而采用各产业部门和最终使用部门存贷款余额之和占 FIs 全部贷款余额与存款之和的比例进行分摊，产业部门的分摊额为其中间消耗，最终使用部门的分摊额为其最终使用。第三阶段，2008 年经济普查之后，采用 2008 年 SNA 推荐的参考利率法。FISIM 在非 FIs 产业部门、出口方面分摊，在 FIs 不再分摊。分摊方法为相关指标分摊法。与第一阶段不同的是，用存贷款年平均余额替代存贷款年末余额。综观三阶段的 FISIM 分摊方法可知，它没有对存款服务和贷款服务分别测算，未考虑各种不同类型存贷款的影响，直接采用存贷款总额比例分摊。

4.1.3 2016 年中国国民经济核算体系关于 FISIM

《中国国民经济核算体系 2016》是目前中国最新版的国民经济核算体系，它采用了与 2008 年 SNA 一致的方法计算间接计算的金融中介服务（FISIM）产出。2008 年 SNA 改进了 1993 年 SNA 的方法，建议用参考利率法计算 FISIM 产出，核算范围是金融机构的所有贷款和存款。2002 年中国国民经济核算体系用利息收支差扣除自有资金获得的利息收入计算 FISIM 产出，核算范围只包括银行的贷款和存款。[①]

4.2 研究设计与模型分析

中国利率市场一直实行的是利率管制政策，随着经济的不断发展，利率逐步进入了市场化的轨道，风险问题随之而来。FISIM 的参考利率的确定可能也会受到风险影响。综观目前部分国家的参考利率确定，基本上是在遵循国际标准的同时，结合各国实际情况，处于实践中。鉴于此，本章结合中国实际数据选择若干模型，确定参考利率。

4.2.1 模型设计

关于参考利率的选择，本部分参考部分国家的实践经验结合中国的实际情况，选择若干参考利率进行分析，主要包括银行间同业拆借利率、平均存贷款利率、中间值（Midpoint）参考利率等。其中，中间值参考利率是指介于存款利率

---

① 引自《中国国民经济核算体系 2016》，中华人民共和国国家统计局，2017 年。

和贷款利率之间的一种利率，使用这种利率的国家有新西兰、马来西亚等国家。最简单的一种中间值参考利率是爱尔兰目前采用的欧元隔夜拆借利率（Eonia），它是隔夜、1 个月、3 个月、12 个月欧洲银行间欧元同业拆借利率的简单平均数。[1]

以上是国际标准建议及部分国家实践的参考利率。本章除采用这几种参考利率外，按照 2008 年 SNA 建议构建一种考虑风险因素调整的参考利率，即 CIR－CCAPM 利率和 CIR－CCAPM－D 参考利率，结合中国数据试算 FISIM。

1. 银行间同业拆借利率（中间值参考利率）

银行间同业拆借利率作为参考利率，在 1993 年 SNA 中就有提到。2008 年 SNA 建议，存贷款参考利率的确定可以选取银行间同业拆借利率。目前大部分国家在实践中采取这一利率作为无风险利率的代表。在中国，银行间市场拆借利率是货币市场上的主要利率品种，结合中国实际，这里选用银行间同业拆借加权平均利率作为 2008 年 SNA 建议的银行间同业拆借利率，对中国的 FISIM 核算进行试算。

2. 平均存贷款利率

在参考利率的确定中，部分国家选用平均存贷款利率作为 FISIM 核算的参考利率。对于中国，本书采用以存款余额和贷款余额作权数的加权平均存贷款利率作为参考利率的近似。具体计算结果如表 4－1 所示。

表 4－1 以平均存贷款利率表示的参考利率

年份	存款余额（亿元）	存款利率（%）	贷款余额（亿元）	贷款利率（%）	参考利率（%）
2010	626412.78	2.47	501222.81	5.80	3.95

---

[1] Jenny Osborne－Kinch, Dermot Coates, Aoife Moloney and Christopher Sibley. An Alternative Methodology for Measuring Financial Services Sector Output In Ireland. Working Paper for Central Bank of Ireland Statistical Conference, 29 April 2014.

年份	存款余额（亿元）	存款利率（%）	贷款余额（亿元）	贷款利率（%）	参考利率（%）
2011	665937.52	3.09	570862.57	6.41	4.62
2012	755325.00	3.05	659210.00	6.40	4.61
2013	845505.96	2.79	750433.10	6.14	4.37
2014	907310.45	2.68	849480.19	6.01	4.29
2015	1379957.96	2.04	966625.36	5.25	3.36

3. CCAPM 模型

按照 2008 年 SNA 建议，参考利率的选择考虑风险溢价。本部分把金融工具置于消费环境中考查其风险溢价情况。Rubinstein（1976）、Lucas（1978）等推导出消费资本资产定价（CCAPM）模型，认为均衡条件下，超额收益率和消费 Beta 成正比例关系。资产价格的风险矫正是由资产偿付与消费的协方差所驱动。CCAPM 与之前出现的资本资产定价模型（CAPM）相同之处在于，二者都可用某种简单的线性关系表示资产收益之间的关系，但较 CAPM，CCAPM 更有着重要的理论意义，即它利用消费这个重要的宏观经济变量来解释资产收益变化，从而解释了金融与宏观经济的关系。跨期决策的基本方程如式（4-1）、式（4-2）所示：

$$p_t = E_t \left[\beta \frac{u'(c_{t+1})}{u'(c_t)} X_{t+1} \right] \tag{4-1}$$

消费者的优化效用函数：

$$U_t = \max_{c_t} E\left(\sum_{t=0}^{\infty} \beta^t U_t(c_t) \right), 0 < \beta < 1$$

$$\text{s.t. } c_t + \sum_{i=0}^{N} P_{it} Q_{it} \leqslant \sum_{i=0}^{N} P_{it} Q_{it-1} + W_t \tag{4-2}$$

其中，N 是经济中资产的个数，P_{it} 是第 i 种资产在第 t 期的价值，Q_{it} 是经纪人在第 t 期末持有的资产 i 的数量，W_t 是第 t 期的实际劳动收入，β 反映投资者的耐心程度，是时间偏好率。最优化目标函数，得到欧拉方程如式（4-3）至式（4-4）所示：

$$E\left(\beta \frac{U'(c_{t+1})}{U'(c_t)} R_{it+1} \mid I_t\right) = 1 \qquad (4-3)$$

$$R_i = 1 + (P_{it+1}/P_{it}) \qquad (4-4)$$

其中，P_{it+1}/P_{it} 是实际资产收益率，即在当前公开信息下，资产均衡时刻的价值是一种对当前和未来消费权衡后的贴现值。

效应函数采用常相对风险规避效用函数（CRRA），如式（4-5）所示：

$$U(c) = \frac{c^{1-\alpha}}{1-\alpha} \qquad (4-5)$$

其中，α 为风险厌恶系数。则式（4-5）欧拉方程的具体表达式如式（4-6）所示：

$$E\left(\beta \left(\frac{c_{t+1}}{c_t}\right)^{-\alpha} R_{it+1} \mid Z_t\right) = 1 \qquad (4-6)$$

其中，Z_t 表示 t 时刻的公开信息，是一组工具变量的集合。按照 Hansen's（1982）的广义矩估计（GMM）思想可估计出风险厌恶系数 α 和时间偏好率 β。GMM 估计量的表达式如式（4-7）至式（4-9）所示：

$$\min m' W^{-1} m$$

$$m = T' \sum Z_t^i \otimes u_{t+1} \qquad (4-7)$$

其中，W 是正交条件 m 的渐进方差/协方差矩阵。

$$u_{t+1} = \beta \left(\frac{c_{t+1}}{c_t}\right)^{-\alpha} R_{it+1} - 1 \qquad (4-8)$$

式（4-8）满足

$$E(u_{t+1} \mid Z_t) = 0 \qquad (4-9)$$

CCAPM 的期望收益 $-\beta$ 定价模型如式（4-10）至式（4-12）所示：

$$\begin{aligned}
E(R_i) - R_f &= \left(\frac{\mathrm{cov}(R_i, \ m)}{\mathrm{var}(m)}\right)\left(-\frac{\mathrm{var}(m)}{E(m)}\right) \\
&= \beta_{i,m} \cdot \lambda_m \\
&= \beta_{i,\Delta c} \cdot \lambda_{\Delta c} \\
&\approx \beta_{i,\Delta c} \cdot \alpha \mathrm{var}(\Delta c) \qquad (4-10)
\end{aligned}$$

其中,

$$m = \beta \left(c_{t+1}/c_t \right)^{-\alpha} \tag{4-11}$$

$$\Delta c = \ln(c_{t+1}/c_t) \tag{4-12}$$

4. 考虑利率期限风险的连续时间的随机波动模型（CIR）

Herman Smith（2011）讨论了 FISIM 核算中的流动性转换处理问题,文中指出,流动性转换是金融中介机构固有的属性,通过把短期存款转换为长期贷款,从而为金融中介机构提供相匹配的收益。关于这一部分收益是否应计入参考利率,目前存在两种观点。一种观点认为,FISIM 产出应该包含这部分收益,理由是,流动性转换是一种服务,需要有相应的资本和劳动力等要素投入。合适的做法是使用单一的参考利率,无须考虑存贷款期限匹配问题。另一种观点认为,FISIM 产出不应该包括流动性转换问题,理由是,期限溢价和违约风险不是FISIM 产出的一部分,期限溢价反映的是对未来利率的假设,也是投资者为了把钱长期捆绑而得到的补偿,包括更大的价格不确定性的风险。生产性服务只需投入劳动和资本要素,不包括不确定性。故而 FISIM 产出应剔除流动性转换,相应的参考利率应该考虑流动性转换。此观点认为,参考利率应该使用期限匹配利率来反映流动性转换。本书采用第二种观点,即参考利率考虑期限溢价的情况。

模拟利率行为用得最为广泛的模型是平方根扩散过程,1985 年 Cox 等提出的包含利率期限结构的 Cox – Ingersoll – Ross（CIR）模型,是最为著名的一个模型。CIR 模型的表达式如式（4 – 13）所示：

$$dr_t = \alpha(\mu - r_t) dt + \sqrt{r_t}\sigma dW_t \tag{4-13}$$

其中, r_t 为利率; μ 为预期资产收益率长期均值; α 为均值回归速率; $\sqrt{r_t}\sigma$ 为瞬时波动率的波动率; dW_t 为标准布朗运动。这里的预期资产收益率长期均值是包含期限因素的一种长期均值。本书试图利用 CIR 模型来考察利率的期限风险,使用预期资产收益率的长期均值作为包含平均期限溢价的参考利率。

CIR 过程的概率密度函数如式（4 – 14）至式（4 – 16）所示：

$$p(r_{t+\Delta t} \mid r_t ; \theta, \Delta t) = ce^{-u-v}\left(\frac{v}{u} \right)^{\frac{q}{2}} I_q(2\sqrt{uv}) \tag{4-14}$$

$$c = \frac{2\alpha}{\sigma^2(1 - e^{-\alpha\Delta t})}$$

$$u = cr_t e^{-\alpha\Delta t}$$

$$v = cr_{t+\Delta t}$$

$$q = \frac{2\alpha\mu}{\sigma^2} - 1 \tag{4-15}$$

$$g(s_{t+\Delta t} \mid s_t;\ \theta,\ \Delta t) = g(2cr_{t+\Delta t} \mid 2cr_t;\ \theta,\ \Delta t) = \frac{1}{2c} p(r_{t+\Delta t} \mid r_t;\ \theta,\ \Delta t) \tag{4-16}$$

概率密度函数式（4-14）至式（4-16）的对数似然函数如式（4-17）至式（4-18）所示：

$$\ln L(\theta) = (N-1)\ln c + \sum_{i=1}^{N} \left(\begin{array}{l} -cr_{t_i}e^{-\alpha\Delta t} - cr_{t_{i+1}} + 0.5\ln\left(\dfrac{cr_{t_{i+1}}}{cr_{t_i}e^{-\alpha\Delta t}}\right) \\[2mm] + \ln(I_q(2\sqrt{cr_{t_i}e^{-\alpha\Delta t} \cdot cr_{t_{i+1}}})) \end{array} \right) \tag{4-17}$$

$$\widehat{\theta} \equiv (\hat{\alpha},\ \hat{\mu},\ \hat{\sigma}) = \arg\max_{\theta} \ln L(\theta) \tag{4-18}$$

为进行上述最大似然估计，首先需确定参数的初值。将上述连续时间的 CIR 过程，采用普通最小二乘法（OLS）离散化，如式（4-19）至式（4-21）所示：

$$r_{t+\Delta t} - r_t = \alpha(\mu - r_t)\Delta t + \sigma\sqrt{r_t}\varepsilon_t \tag{4-19}$$

$$\frac{r_{t+\Delta t} - r_t}{\sqrt{r_t}} = \frac{\alpha(\mu - r_t)\Delta t}{\sqrt{r_t}} + \sigma\varepsilon_t \tag{4-20}$$

漂移项 μ 的初始值通过最小化 OLS 的目标函数而得到：

$$(\hat{\alpha},\hat{\mu}) = \arg\min_{\alpha,\mu} \sum_{i=1}^{N-1} \left(\frac{r_{t_{i+1}} - r_{t_i}}{\sqrt{r_t}} - \frac{\alpha\mu\Delta t}{\sqrt{r_{t_i}}} + \alpha\sqrt{r_{t_i}}\Delta t \right)^2 \tag{4-21}$$

5. 贷款违约风险溢价等于个人贷款保证保险费率

参考中国人民财产保险股份有限公司个人贷款保证保险条款，本书的贷款违约风险采用个人贷款保证保险费率基准费率近似。根据中国人民财产保险股份有限公司关于个人贷款保证保险费率基准费率表①，取保险费率基准费率的中位数近似这里的贷款违约金，这里取 12 个月的基准缴费率 3.33%。另外，按照一般商业银行贷款坏账率容忍不超过 2% 计算②，贷款违约风险溢价为 0.0007。

4.2.2 模型估计及结果解释

1. 数据描述

对 CCAPM 模型的参数估计选用广义矩估计的方法，通过 SAS9.1 实现。因中国的金融市场发展比较晚，故采用月度数据，时间区间为 2006 年 12 月至 2015 年 12 月，共 109 个数据。数据来源为中经网和 RESSET 数据库。其中，内生变量消费的数据采用社会商品零售总额的月度数据，经消费者价格指数（CPI）缩减得到实际消费数据；外生变量取四种资产收益率，分别为政府债券收益率、企业债券收益率、最低股票收益率和最高股票收益率。政府债券收益率选用国债总指数收益率，企业债券收益率选用企业债总指数收益率。最低股票收益率和最高股票收益率，根据 RESSET 数据库中 200 种股票计算每一种股票的平均收益率，并结合样本容量，得到最低股票收益率的股票为 *ST 钒钛，最高股票收益率的股票为神州高铁。通过 CCAPM 模型来确定风险资产的风险溢价。

对于 CIR 模型的参数估计选用普通最小二乘法（OLS）和最大似然估计法（MLE）进行参数估计。Shibor 利率是上海银行间拆放利率，在一定程度上反映了中国利率的市场化，能够用于考虑利率的期限风险。故利率数据选用 Shibor3M 利率，Shibor3M 利率代表以同业存单利率为代表的中期利率，能够反映利率的预期。数据为交易日的数据，时间区间为 2006 年 10 月 8 日至 2015 年 12 月 31 日。通过 CIR 模型的参数 μ 来反映利率的期限风险。

---

① 资料来源于中国保险监督管理委员会。
② 资料来源于中国银行业监督管理委员会不良贷款率。

2. CCAPM 模型与 CIR 模型估计结果

结合内生变量和外生变量的数据，采用式（4-7）对 CCAPM 模型的参数进行估计，结果如表 4-2 所示。利用 Shibor3M 数据，结合式（4-18）和式（4-21）对 CIR 模型的参数进行估计，结果如表 4-3 所示。CIR 模型估计过程中对数似然函数的迭代轨迹和参数估计值的迭代轨迹如图 4-1 和图 4-2 所示。

表 4-2 广义矩估计（GMM）估计结果

	估计值	标准误	t 值	Pr > | t |
β	0.33	0.0179	18.61	<0.0001
α	0.19	0.0704	2.72	0.0077

由表 4-2 可见，在 0.01 的显著性水平上，参数 α 和 β 的 P-值都显著地小于 0.01，故认为在 0.01 的显著性水平上，参数 α 和 β 的估计值显著。

由表 4-3、图 4-1 和图 4-2 可见，以 OLS 估计的参数值为初值，经过 94 次迭代，对数似然函数 $\ln L$ 达到最大，为 $9.541e+03$，得到最终参数的估计值 $\alpha = 0.04747$，$\mu = 0.0462$，$\sigma = 0.0328$。μ 为利率的长期均值，本书选用 $\mu = 0.0462$ 作为考虑期限风险的参考利率，用于后文分析。

表 4-3 CIR 模型的 MLE 参数估计结果

	α	μ	σ	$\ln L$
OLS	0.4536	0.0464	0.0332	
MLE	0.4747	0.0462	0.0328	9.541e+03

以 Shibor3M 利率为基础，采用 Cox-Ingersoll-Ross（CIR）短期利率期限结构模型，考察利率的流动性转换即期限风险。采用 CCAPM 模型考察风险资产的风险溢价，以此作为 FISIM 核算的参考利率中的风险因素。此外，考虑到贷款除了具有一般风险资产所具有的风险之外，还有贷款违约风险。根据中国实际情况，

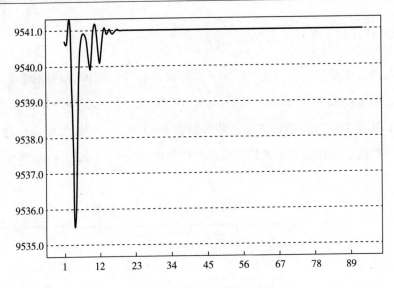

图 4 – 1　对数似然函数的迭代轨迹

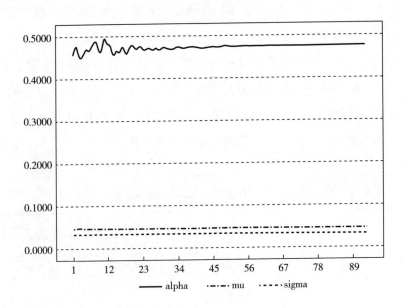

图 4 – 2　参数估计值的迭代轨迹

贷款的违约风险溢价用贷款保证保险费率近似。由此，按照 2008 年 SNA 建议，可得到若干种考虑风险的参考利率。为表述方便起见，用 CIR – CCAPM 利率表示考虑期限风险和一般风险资产溢价的参考利率；用 CIR – CCAPM – D 利率表示包含一般风险资产的风险溢价、期限风险和贷款违约风险的参考利率。则存贷款参考利率公式可表示为，一种是存款的参考利率 = 贷款参考利率 = CIR – CCAPM 利率，这种情况适用于存贷款面临相同风险。另一种是贷款的参考利率 = CIR – CCAPM – D 利率，这种情况适用于存款和贷款都考虑一般风险因素，此外，贷款还需考虑贷款违约风险的影响。

结合式（4 – 10）及表 4 – 2、表 4 – 3 和 CIR – CCAPM 利率、CIR – CCAPM – D 利率计算公式计算参考利率，具体如表 4 – 4 所示。

表 4 – 4　CIR – CCAPM 利率和 CIR – CCAPM – D 利率计算表

变量	变量序号	2010 年	2011 年	2012 年	2013 年	2014 年	2015 年
$Var\ (\Delta c)$	1	0.0292	0.0270	0.0290	0.0288	0.0289	0.0289
α	2	0.1900	0.1900	0.1900	0.1900	0.1900	0.1900
$COV\ (R_{m,\Delta c})$	3	– 0.0003	0.0048	0.0040	– 0.0002	– 0.0026	0.0062
$\beta_{m,\Delta c}$	4（= 3/1）	– 0.0092	0.1765	0.1368	– 0.0066	– 0.0887	0.2132
风险溢价	5（= 1 × 2 × 4）	– 0.0001	0.0009	0.0008	0.0000	– 0.0005	0.0012
含期限风险的利率	6	0.0462	0.0462	0.0462	0.0462	0.0462	0.0462
CIR – CCAPM 利率	7（= 5 + 6）	0.0461	0.0471	0.0470	0.0462	0.0457	0.0474
贷款违约风险率	8	0.0007	0.0007	0.0007	0.0007	0.0007	0.0007
CIR – CCAPM – D 利率	9（= 7 + 8）	0.0468	0.0478	0.0477	0.0469	0.0464	0.0481

3. 账户参考利率的构建

承接前文，按照表 3 – 3，结合实际数据，因表 3 – 3 涉及的指标如中间消耗、雇员报酬、生产税净额和固定资本折旧数据来源于投入产出表，故这里构建2010 年和 2012 年中国金融机构资金流量表与存量表，如表 4 – 5 至表 4 – 6 所示。由于 2010 年后，国际标准关于金融工具分类发生了变化，因而表 4 – 5 和表 4 – 6 的区别在于股权资本，前者没有股权资本这一分类。2012 年金融机构信贷收支表是按照新的国际标准，对金融工具进行的分类，故表 4 – 6 包含股权资本。

表 4-5　2010 年金融机构资金流量与资产负债表　　　　单位：亿元

| 使用 | | 交易项目 | 来源 | |
资产	流量		流量	负债
		总产出	32286.58	
		直接产出①	27599.30	
11305.95		中间消耗		
6660.98		雇员报酬		
2555.16		生产税净额		
-491.91		固定资本折旧		
		非金融资产		
		金融工具		
		非股权类工具		
		存款		733382.03
222513.8		债券及其他投资		

数据来源：2010 年投入产出表和中国人民银行金融机构信贷收支表。

表 4-6　2012 年金融机构资金流量与资产负债表　　　　单位：亿元

| 使用 | | 交易项目 | 来源 | |
资产	流量		流量	负债
		总产出	59014.03	
		直接产出	53283.29	
23826.28		中间消耗		
11023.98		雇员报酬		
3931.40		生产税净额		
-910.05		固定资本折旧		
		非金融资产		
		金融工具		
		非股权类工具		

① 直接产出数据利用公式推导而得。即 2002 年中国国民经济核算体系中，关于 FISIM 总量的计算公式：FISIM 总量 = 利息收入 + 投资收益 + 租赁收益 + FIs 往来收入 - 利息支出 - FIs 往来支出。直接产出 = FISIM 总量 + 利息支出 - 利息收入。

续表

使用		交易项目	来源	
资产	流量		流量	负债
		存款		943102.27
114617.26		债券		8590.10
162717.14		股权资本及其他投资		

数据来源：2012 年投入产出表和中国人民银行金融机构信贷收支表。

　　根据表 4 - 5 和表 4 - 6，结合金融工具收益率数据，按照式（3 - 3）计算存贷款面临相同风险的参考利率。取 RESSET 数据库中 236 家上市公司的股票总市值加权月平均市场收益率，剔除每年 1 月的收益率数据，简单算术平均得到月平均市场收益率，为 0.505%，转换为年度收益率为 6.3%。债券选用企业债收益率，根据《现代快报》2012 年的数据，剩余期限在 3～5 年的企业债，平均收益率为 6.16%。① 对于 2010 年金融工具收益率数据，企业债券收益率按中财网显示的 2010 年 11 月 23 日数据计算，取 305 种企业债到期收益率的平均值 5.17%，作为 2010 年债券收益率的代表。表 4 - 7 列示了式（3 - 3）所计算的账户参考利率。利用此参考利率计算 FISIM 产出，如表 4 - 8 所示。

表 4 - 7　账户参考利率　　　　　　　　　　单位:%

年份	2010	2012
参考利率	2.60	3.44

表 4 - 8　账户参考利率计算的 FISIM 总产出　　　　单位：亿元

年份	2010	2012
FISIM 总产出	16853.47	22458.38
存款 FISIM	814.34	2945.77
贷款 FISIM	16039.13	19512.62

---

①　资料来源于《现代快报》，2012 年 6 月。

4.3 FISIM 总量核算与部门分摊

4.3.1 核算范围

本次核算范围按照中国国民经济核算体系（2016），结合 2010 年中国人民银行关于金融机构的分类进行。核算主体为金融机构，包括中国人民银行、银行业存款类金融机构、信托投资公司、金融租赁公司和汽车金融公司。银行业存款类金融机构包括：①银行；②城市信用合作社（含联社）；③农村信用合作社（含联社）；④农村资金互助社；⑤财务公司。

如前所述，FISIM 分为两部分，存款 FISIM 和贷款 FISIM。目前国际上使用的分摊方法大多数为按机构部门进行分摊。机构部门包括企业、住户、政府和国外部门。各机构部门按平均存贷款余额分摊相应的 FISIM。即某机构部门分摊的 FISIM 为：某机构部门的 FISIM = 某机构部门平均贷款余额 ×（平均贷款利率 − 参考利率）＋某机构部门平均存款余额 ×（参考利率 − 平均存款利率）。

4.3.2 国内 FISIM 总产出核算

银行间同业拆借加权平均利率的年度数据由月度数据转换而得，如表 4 − 9 所示，月度数据来源于 RESSET 数据库。存贷款平均利率采用各类期限存贷款利率的简单算数平均数，如表 4 − 10 和表 4 − 11 所示。参考利率的选择及计算采用前述方法，四种不同参考利率的比较如图 4 − 3 所示。由图 4 − 3 可知，CIR − CCAPM 利率和 CIR − CCAPM − D 利率较平均存贷款利率、银行间同业拆借利率大，且数值波动小，这与期限风险选用利率收益率长期均值有关。

表 4 - 9　银行间同业拆借加权平均利率　　　　　单位:%

年份	参考利率	年份	参考利率
2010	1. 74	2013	3. 51
2011	3. 34	2014	3. 00
2012	2. 92	2015	2. 26

注:根据月度加权平均利率整理而得。

表 4 - 10　贷款平均利率　　　　　单位:%

年份	贷款利率	年份	贷款利率
2010	5. 80	2013	6. 14
2011	6. 41	2014	6. 01
2012	6. 40	2015	5. 25

注:根据中国人民网的数据整理而得。

表 4 - 11　存款平均利率　　　　　单位:%

年份	存款利率	年份	存款利率
2010	2. 47	2013	2. 79
2011	3. 09	2014	2. 68
2012	3. 05	2015	2. 04

根据 2010 ~ 2015 年存贷款年末余额数据,参考利率选用银行间同业拆借利率、平均存贷款利率、CIR – CCAPM 利率和 CIR – CCAPM – D 利率,分别核算 FISIM 总产出及总产出增长率,如图 4 – 4 和图 4 – 5 所示。由图 4 – 4 和图 4 – 5 可知,对于 FISIM 总产出,四种参考利率计算的国内 FISIM 产出增长率变化趋势相同,有随着时间推移稳步增加的趋势,而且 2011 ~ 2014 年数值相差不大。对于国内 FISIM 产出增长率,CIR – CCAPM 利率和 CIR – CCAPM – D 利率计算数值相近,从变化趋势看,CIR – CCAPM 利率和 CIR – CCAPM – D 利率计算的 FISIM 产出增长率与平均存贷款利率计算的数值变化趋势相同。从 FISIM 产出的波动程

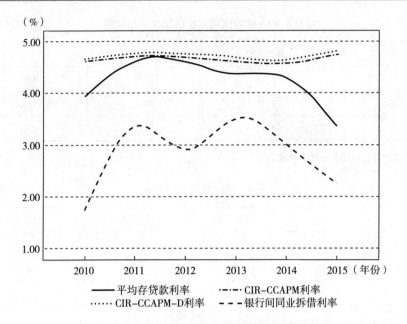

图4－3　四种不同参考利率的比较

度上看，CIR－CCAPM 利率和 CIR－CCAPM－D 利率计算的 FISIM 产出的绝对数和增长率的波动性大。从 FISIM 产出增长率看，2011 年 CIR－CCAPM 利率和 CIR－CCAPM－D 利率计算的 FISIM 产出增长率最低，2012 年 FISIM 产出增长率大幅上升，源于 2008 年席卷全球的金融危机和 2011 年的美债危机，对中国证券市场产生的影响，从而参考利率受到影响，因而 FISIM 产出增长率较低，而 2012 年美债危机过后及中国政府采取了相应的应对措施，使得 2012 年的 FISIM 产出有一定幅度的增长，故而 2012 年 FISIM 产出的增长率有所上升。2014 年全球金融危机进入第二阶段[①]，改革走出危机阶段，故而 2015 年的 FISIM 产出增长率高于2014 年。这从一定程度上说明，本书所构建的 CIR－CCAPM 利率和 CIR－CCAPM－D 利率具有一定的合理性。

---

① 引自中国行业研究网，《中国社科院：2014 年全球金融危机进入第二阶段》，2014 年 2 月 10 日。

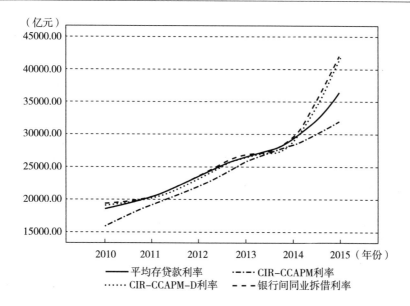

图 4 - 4   四种不同参考利率计算的国内 FISIM 产出

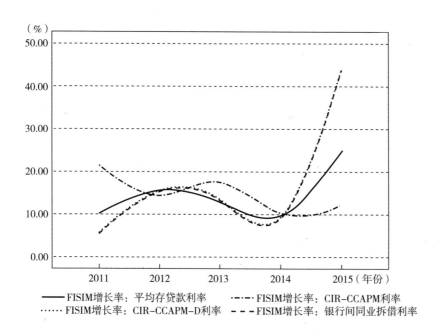

图 4 - 5   四种不同参考利率计算的国内 FISIM 产出增长率变化

4.3.3 国内 FISIM 产出的部门分摊

1. 贷款 FISIM 的产业部门分摊

采用四种参考利率结合产业部门年度贷款余额数据，在产业部门间分摊 FISIM 总产出。2015 年贷款 FISIM 的产业部门分摊如表 4 - 12 所示。在各种参考利率下，产业部门贷款 FISIM 分摊的年度比较，如图 4 - 6 至图 4 - 8 和表 5 - 16 至表 5 - 18 所示。由图 4 - 6 至图 4 - 8 可知，CIR - CCAPM - D 利率计算的各行业贷款 FISIM 年度变化较大，从制造业看，贷款 FISIM 在 2012 年和 2013 年达到最大值，约 2000 亿元，最小的 FISIM 是 2015 年的 1000 亿元以下。银行间同业拆借利率和平均存贷款利率计算的贷款 FISIM 各年度变化较小。由表 4 - 12 可知，从用四种参考利率计算的各行业贷款 FISIM 看，总体来说，制造业的贷款 FISIM 最大。其中考虑风险因素的三种参考利率计算的 FISIM 较银行间同业拆借利率和平均存贷款利率计算的 FISIM 数值小得多，后者几乎为前者的 3 倍以上。

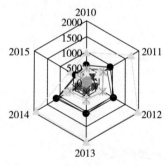

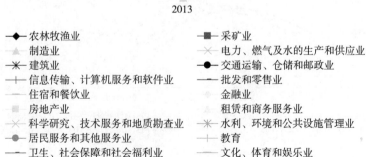

图 4 - 6   CIR - CCAPM - D 利率下贷款 FISIM 按行业分摊

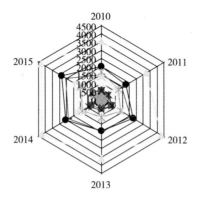

◆农林牧渔业　　　　　　　　　　　■采矿业
▲制造业　　　　　　　　　　　　　✕电力、燃气及水的生产和供应业
✳建筑业　　　　　　　　　　　　　●交通运输、仓储和邮政业
╋信息传输、计算机服务和软件业　　━批发和零售业
━住宿和餐饮业　　　　　　　　　　金融业
房地产业　　　　　　　　　　　　　租赁和商务服务业
✕科学研究、技术服务和地质勘查业　✳水利、环境和公共设施管理业
●居民服务和其他服务业　　　　　　╋教育
━卫生、社会保障和社会福利业　　　━文化、体育和娱乐业
◆公共管理和社会组织

图 4 - 7　银行间同业拆借利率下贷款 FISIM 按行业分摊

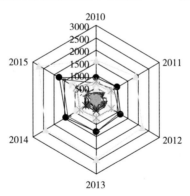

◆农林牧渔业　　　　　　　　　　　■采矿业
▲制造业　　　　　　　　　　　　　✕电力、燃气及水的生产和供应业
✳建筑业　　　　　　　　　　　　　●交通运输、仓储和邮政业
╋信息传输、计算机服务和软件业　　━批发和零售业
━住宿和餐饮业　　　　　　　　　　金融业
房地产业　　　　　　　　　　　　　租赁和商务服务业
✕科学研究、技术服务和地质勘查业　✳水利、环境和公共设施管理业
●居民服务和其他服务业　　　　　　╋教育
━卫生、社会保障和社会福利业　　　━文化、体育和娱乐业
◆公共管理和社会组织

图 4 - 8　平均存贷款利率下贷款 FISIM 按行业分摊

表 4 – 12　2015 年四种参考利率下按行业贷款 FISIM 分摊结果　单位：亿元

指标名称	银行间同业拆借利率	平均存贷款利率	含期限风险的利率	CIR – CCAPM 利率	CIR – CCAPM – D 利率
农林牧渔业	338.52	213.98	71.33	57.74	49.82
采矿业	722.05	456.41	152.14	123.16	106.25
制造业	4275.33	2702.47	900.82	729.24	629.15
电力、燃气及水的生产和供应业	1403.88	887.40	295.80	239.46	206.59
建筑业	944.84	597.24	199.08	161.16	139.04
交通运输、仓储和邮政业	2797.06	1768.04	589.35	477.09	411.61
信息传输、计算机服务和软件业	113.15	71.52	23.84	19.30	16.65
批发和零售业	2529.31	1598.80	532.93	431.42	372.21
住宿和餐饮业	204.75	129.42	43.14	34.92	30.13
金融业	937.13	592.37	197.46	159.85	137.91
房地产业	1800.82	1138.31	379.44	307.16	265.00
租赁和商务服务业	1654.29	1045.69	348.56	282.17	243.44
科学研究、技术服务和地质勘查业	59.81	37.81	12.60	10.20	8.80
水利、环境和公共设施管理业	1482.00	936.78	312.26	252.78	218.09
居民服务和其他服务业	65.17	41.19	13.73	11.12	9.59
教育	101.32	64.05	21.35	17.28	14.91
卫生、社会保障和社会福利业	115.28	72.87	24.29	19.66	16.96
文化、体育和娱乐业	92.58	58.52	19.51	15.79	13.62
公共管理和社会组织	308.46	194.98	64.99	52.61	45.39

　　账户参考利率下 2010 年和 2012 年贷款 FISIM 行业分摊如表 4 – 13 所示。由表 4 – 13 可知，行业间 FISIM 产出极差较大。为方便起见，按行业 FISIM 产出额 200 元分为两组，如图 4 – 9 和图 4 – 10 所示。制造业贷款 FISIM 产出最大，科学研究、技术服务和地质勘查业最小。2010 年与 2012 年对比看，各行业 FISIM 变化大体相同。

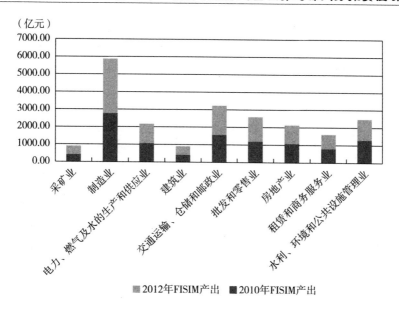

图 4 - 9 账户参考利率计算的贷款 FISIM 行业分摊（一）

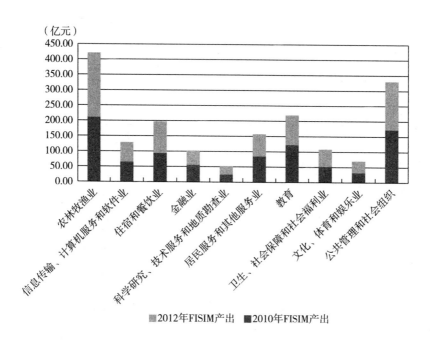

图 4 - 10 账户参考利率计算的贷款 FISIM 行业分摊（二）

表 4 - 13　账户参考利率下贷款 FISIM 行业分摊　　　单位：亿元

指标名称	2010 年	2012 年
农林牧渔业	210.69	210.42
采矿业	417.08	481.86
制造业	2767.19	3103.39
电力、燃气及水的生产和供应业	1069.68	1097.96
建筑业	402.72	495.09
交通运输、仓储和邮政业	1563.41	1669.10
信息传输、计算机服务和软件业	64.99	63.91
批发和零售业	1191.59	1400.21
住宿和餐饮业	93.24	104.20
金融业	55.23	46.80
房地产业	1075.50	1059.18
租赁和商务服务业	798.71	813.80
科学研究、技术服务和地质勘查业	24.91	27.78
水利、环境和公共设施管理业	1298.80	1186.44
居民服务和其他服务业	84.08	72.93
教育	122.48	96.95
卫生、社会保障和社会福利业	52.01	56.75
文化、体育和娱乐业	32.28	38.12
公共管理和社会组织	172.95	157.76

2. 机构部门分摊

表 4 - 14 和表 4 - 15 分别列示了参考利率与存款利率之差和贷款利率与参考利率之差。理论上，这两者之差应为非负数。表 4 - 14 中 2010 年和 2012 年参考利率与银行间同业拆借利率之差为负数，这可能与中国 2013 年 7 月，又进一步推进利率市场化改革有关，故 2010 年与 2012 年这一数值为负数，可能是存款利率变化与银行间同业拆借利率变化不匹配的缘故。故关于机构部门 FISIM 的分摊，这里使用平均存贷款利率、CIR - CCAPM 利率和 CIR - CCAPM - D 利率进行分摊。

表 4 – 14   参考利率与存款利率之差   单位:%

年份	银行间同业拆借利率	平均存贷款利率	CIR – CCAPM 利率
2010	– 0.73	1.48	2.14
2011	0.25	1.53	1.62
2012	– 0.13	1.56	1.65
2013	0.72	1.58	1.83
2014	0.32	1.61	1.89
2015	0.22	1.32	2.70

表 4 – 15   贷款利率与参考利率之差   单位:%

年份	银行间同业拆借利率	平均存贷款利率	CIR – CCAPM 利率	CIR – CCAPM – D 利率
2010	4.06	1.85	1.19	1.12
2011	3.07	1.79	1.70	1.63
2012	3.48	1.79	1.70	1.63
2013	2.63	1.77	1.52	1.45
2014	3.01	1.72	1.44	1.37
2015	2.99	1.89	0.51	0.44

采用三种参考利率结合机构部门年度存贷款余额数据，在机构部门间分摊 FISIM 总产出，存款 FISIM 机构部门分摊和贷款 FISIM 机构部门分摊，分别如表 4 – 16 和表 4 – 17 所示。由表 4 – 16 和表 4 – 17 可知，对于存款 FISIM，CIR – CCAPM 利率计算的 FISIM 数值总体大于平均存贷款利率计算的 FISIM 数值。对于贷款 FISIM，CIR – CCAPM 利率和 CIR – CCAPM – D 利率计算的 FISIM 数值差别不是很大，但二者较平均存贷款利率计算的 FISIM 数值小很多。

表 4 – 16   平均存贷款利率与 CIR – CCAPM 利率下

存款 FISIM 的机构部门分摊   单位: 亿元

	年份	2010	2011	2012	2013	2014	2015
住户	平均存贷款利率	4622.06	5384.94	6399.14	7353.90	8160.93	7285.46
	CIR – CCAPM 利率	6683.25	5701.70	6768.32	8517.49	9580.23	14902.08

	年份	2010	2011	2012	2013	2014	2015
非金融企业	平均存贷款利率	4648.85	4803.91	5383.93	6005.10	6446.77	6008.76
	CIR – CCAPM 利率	6721.98	5086.49	5694.54	6955.27	7567.94	12290.64
政府	平均存贷款利率						3201.60
	CIR – CCAPM 利率						6548.74
非银行 金融机构	平均存贷款利率						1719.62
	CIR – CCAPM 利率						3517.41

表4-17　平均存贷款利率、CIR – CCAPM 利率和 CIR – CCAPM – D 利率下
贷款 FISIM 的机构部门分摊　　　　　单位：亿元

	年份	2010	2011	2012	2013	2014	2015
住户	平均存贷款利率	2082.84	2435.70	2888.74	3515.26	3981.98	5108.92
	CIR – CCAPM 利率	1339.77	2313.23	2743.50	3018.75	3333.75	1378.60
	CIR – CCAPM – D 利率	1260.96	2217.98	2630.53	2879.73	3171.70	1189.38
非金融企业 及机关团体	平均存贷款利率	7189.78	7782.74	8911.12	9767.41	10629.07	12998.05
	CIR – CCAPM 利率	4624.78	7391.43	8463.07	8387.83	8898.76	3507.41
	CIR – CCAPM – D 利率	4352.73	7087.08	8114.59	8001.55	8466.18	3026.00
非银行 金融机构	平均存贷款利率						162.25
	CIR – CCAPM 利率						43.78
	CIR – CCAPM – D 利率						37.77

表4-18 为账户参考利率下存贷款 FISIM 的机构部门分摊结果。贷款 FISIM 数值远大于存款 FISIM 数值，这是由账户参考利率更接近存款利率所致。

表4-18　账户参考利率下存贷款 FISIM 的机构部门分摊　　　单位：亿元

年份	存款 FISIM		贷款 FISIM	
	住户	非金融企业	住户	非金融企业
2010	405.99	408.35	3602.76	12436.37
2012	1599.79	1345.98	4776.91	14735.70

4.3.4　最终使用的分摊

FISIM 产出的最终使用包括住户最终消费的 FISIM 和净出口 FISIM。

1. 住户最终消费的 FISIM

采用平均存贷款利率和 CIR – CCAPM 利率核算住户部门的存款 FISIM 和贷款 FISIM，如表 4 – 19 和表 4 – 20 所示。住户部门用于消费的存款和贷款数据来源于中国人民银行金融机构信贷收支表。按照中国人民银行，住户消费贷款中包括个人住房贷款，而按照 SNA 建议，个人住房贷款不属于最终消费，故计算住户最终消费 FISIM，需将个人住房贷款予以剔除。鉴于目前可获得数据是个人购房贷款数据，个人购房贷款包括个人住房贷款和商业用途房贷。据中国人民银行数据资料显示，只有 2012 年和 2013 年的个人住房贷款数据，其余年份均为个人购房贷款数据。故本书假定个人住房贷款与个人购房贷款同比例增长，进而根据 2012 年和 2013 年个人住房贷款数据推得 2010 年至 2015 年其余年份个人住房贷款数据。住户消费贷款中扣除个人住房贷款，可得住户用于最终消费的 FISIM，如表 4 – 21 所示。

由表 4 – 19 可知，除 2015 年 CIR – CCAPM 利率计算的住户存款 FISIM 约为平均存贷款利率计算的住户存款 FISIM 的 2 倍外，其余年份两者之差在 1500 亿元以内。由表 4 – 20 可知，2010 年和 2015 年三种利率计算的贷款 FISIM 数值相差较大。由表 4 – 21 可知，CIR – CCAPM 利率和 CIR – CCAPM – D 利率计算的 FISIM 分摊到最终使用的部分大于平均存贷款利率计算的数值。

表 4 – 19　平均存贷款利率与 CIR – CCAPM

利率下住户部门存款 FISIM　　　　　　　　单位：亿元

年份	平均存贷款利率	CIR – CCAPM 利率
2010	4622. 06	6683. 25
2011	5384. 94	5701. 70
2012	6399. 14	6768. 32

年份	平均存贷款利率	CIR – CCAPM 利率
2013	7353.90	8517.49
2014	8160.93	9580.23
2015	7285.46	14902.08

表 4 – 20　三种参考利率下住户部门消费贷款 FISIM 核算　　单位：亿元

年份	平均存贷款利率	CIR – CCAPM 利率	CIR – CCAPM – D 利率
2010	1389.49	893.78	841.21
2011	1589.12	1509.22	1447.08
2012	1869.46	1775.47	1702.36
2013	2297.80	1973.25	1882.38
2014	2644.66	2214.14	2106.50
2015	3583.77	967.05	834.32

表 4 – 21　三种参考利率下住户部门 FISIM 分摊到

最终消费的部分　　单位：亿元

年份	平均存贷款利率	CIR – CCAPM 利率	CIR – CCAPM – D 利率
2010	4949.52	6893.89	6881.50
2011	5797.30	6093.33	6077.20
2012	6926.10	7268.79	7248.18
2013	8058.69	9122.74	9094.86
2014	8985.91	10270.90	10237.33
2015	8407.99	15204.98	15163.41

注：住户消费贷款中扣除个人住房贷款。

表 4 – 22 为账户参考利率下住户最终消费的 FISIM，2010 年和 2012 年最终消费的 FISIM 分别为 972.40 亿元和 2807.28 亿元。

表 4－22　账户参考利率下住户 FISIM 分摊到最终消费的部分　　单位：亿元

年份	住户贷款 FISIM		住户存款 FISIM	消费除房贷后的 FISIM	最终消费的 FISIM
	消费贷款	经营性贷款			
2010	2403.45		405.99	566.41	972.40
2012	3091.40		1599.79	871.40	2807.28

2. 净出口 FISIM 核算

外部参考利率参照 ESA，外部参考利率 = 常住 FIs 与非常住 FIs 之间存贷款利息之和/常住 FIs 与非常住 FIs 之间存贷款余额之和。根据 Wind 资讯历年国际收支头寸表中存贷款数据，中国在国外的存款、贷款利率分别选择欧洲美元在美国的 6 个月期存款利率、美国贷款利率（数据来源于 Wind 资讯），国外在中国的存款、贷款利率分别选择中国银行小额美元存款利率、大额美元贷款利率（数据来源于 Wind 资讯），结合外部参考利率的计算公式，得出 2010 年至 2015 年中国外部参考利率表，如表 4－23 所示。据资料显示，中国借用国外贷款 80% 主要用于农业、基础设施和基础工业方面，故对于进口 FISIM 产出而言，主要用于中间使用。因此，这里把中国进口的存贷款服务费作为中间使用处理。对于中国在国外的存款服务，即存款 FISIM 产出，因这部分存款主要是政府和住户，故作为最终消费处理。按照此思路，结合表 4－23 外部参考利率，计算中国 2010 年至 2015 年净出口 FISIM，如表 4－24 所示。

表 4－23　外部参考利率表　　　　单位:%

年份	外部参考利率
2010	1.91
2011	2.14
2012	1.98
2013	1.91
2014	1.80
2015	1.71

表4－24　净出口 FISIM 计算表　　　　　　　　　单位:%

年份	净出口 FISIM
2010	－14.57
2011	100.10
2012	86.83
2013	26.43
2014	135.16
2015	70.58

4.4　五种参考利率的比较

　　本部分采用了五种参考利率试算了中国的 FISIM 产出，并利用部分参考利率对 FISIM 产出进行了分摊。这五种参考利率分别为：银行间同业拆借利率、平均存贷款利率、CIR－CCAPM 利率、CIR－CCAPM－D 利率和账户参考利率。比较来看，银行间同业拆借利率、平均存贷款利率计算比较简单，后三种利率计算相对较为复杂。对于银行间同业拆借利率，按照本书数据，参考利率与存款利率之差在某些年份出现负值，这与参考利率法计算 FISIM 思想相违背。出现负值的原因可能与中国利率尚未完全市场化有关。CIR－CCAPM 利率是根据 2008 年 SNA 关于参考利率的思想，构建的一种既包含一般金融资产的风险溢价又考虑利率期限风险的参考利率，经前文实际数据，此利率具有一定的合理性。CIR－CCAPM－D 利率是在 CIR－CCAPM 利率基础上考虑了贷款违约风险的参考利率。账户参考利率从金融机构资金流量和存量表的角度构建，考虑各种金融资产，理论上虽完美，但实际所需数据由投入产出表提供，因投入产出表每五年编制一次，故账户法参考利率会受到数据来源的影响。就账户参考利率与 CIR－CCAPM 参考利率数值比较来看，二者相差较大。理论上说，这两种方法确定参考利率都是基于参考利率应该包含风险因素的影响。账户参考利率从贷款的机会成本出发，选择债券、股权投资、存款等金融工具收益率计算，CIR – CCAPM 参考利率是从资产组合收益率的角度考察风险溢价，并且考虑利率的期限风险。理论上看，这二者之差应该为是否考虑利率期限风险的问题。而本书基于 CIR 模型计算得到的含期限风险的利率为 0.0462，高于账户参考利率数值，这可能是二者数值差异大的主要原因。

4.5　本章小结

本章参考国际参考利率的计算方法，对于内部参考利率，构建了银行间同业拆借利率和平均存贷款利率两种参考利率。同时，根据 2008 年 SNA 的建议，构建了三种风险调整的参考利率：一是考虑期限风险和一般风险资产风险溢价的参考利率（CIR – CCAPM 利率）；二是考虑期限风险、一般风险资产风险溢价和贷款违约风险的参考利率（CIR – CCAPM – D 利率）；三是账户参考利率。对于外部参考利率，参考 2010 年欧洲国民经济账户体系（ESA）构建。根据五种内部参考利率和外部参考利率结合中国实际数据，核算并在产业部门和机构部门间分摊 FISIM 产出。

第**❺**章

现价 FISIM 核算对 GDP 与
收入分配的影响

FISIM 分摊到最终使用的部分会影响 GDP 及收入分配核算数值。分别比较住户 FISIM 最终消费和净出口 FISIM 分摊对 GDP 核算产生的影响及参考利率的使用对收入分配的影响。

5.1 现价 FISIM 对 GDP 的影响

5.1.1 住户最终消费分摊对 GDP 的影响

住户最终消费分摊对 GDP 增长率的影响如图 5 – 1 和表 5 – 1 所示。从三种参考利率下 GDP 的增长率比较来看，2011 年平均存贷款利率得到的 GDP 增长率较其他二者高，其余年份较其他二者持平或低。与官方 GDP 增长率的比较来看，CIR – CCAPM 利率与 CIR – CCAPM – D 利率得到的 GDP 增长率 2011 年较官方 GDP 增长率低，其余年份高。

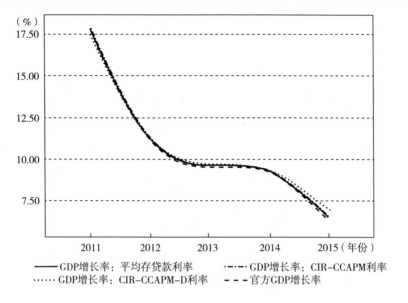

图 5-1　不同参考利率下仅含住户最终消费的 GDP 增长率的比较

表 5-1　包括住户 FISIM 与不包括住户 FISIM 的 GDP 增长率的比较　单位:%

年份	平均存贷款利率	CIR-CCAPM 利率	CIR-CCAPM-D 利率	官方 GDP 增长率
2010	18.45	17.97	17.97	18.47
2011	10.54	10.55	10.55	10.44
2012	10.23	10.36	10.36	10.16
2013	8.23	8.25	8.25	8.19
2014	6.82	7.64	7.64	7.00

由表 5-1 可知，计算 2011~2015 年四种参考利率下 GDP 增长率的波动率情况，如表 5-2 所示。

表 5-2　包括住户 FISIM 与不包括住户 FISIM 的

GDP 增长率波动率的比较　　　　　单位:%

参考利率	平均存贷款利率	CIR-CCAPM 利率	CIR-CCAPM-D 利率	官方 GDP 增长率
GDP 增长率波动率	4.51	4.12	4.12	4.49

由表 5-2 可知，采用平均存贷款利率计算的 GDP 增长率波动率大于官方 GDP 增长率波动率。采用 CIR-CCAPM 利率和 CIR-CCAPM-D 利率计算的 GDP 增长率波动率均低于官方 GDP 增长率波动率 0.37 个百分点，说明考虑风险因素的参考利率计算并分摊住户 FISIM 对 GDP 增长率波动率起到平滑的作用。

5.1.2　净出口分摊对 GDP 的影响

比较包含住户 FISIM 最终消费的 GDP、同时含净出口与住户 FISIM 最终消费的 GDP 与目前官方公布的 GDP 水平差异与增长率差异，如表 5-3 和表 5-4 所示。从含净出口与住户 FISIM 最终消费的 GDP 看，2015 年平均存贷款利率得到的 GDP 较官方 GDP 多 8478.57 亿元，CIR-CCAPM 利率得到的 GDP 较官方 GDP 多 15275.57 亿元。这可能与 CIR-CCAPM 利率考虑风险因素有关。在增长率方面，总体来说，CIR-CCAPM 利率得到的 GDP 增长率较官方 GDP 增长率稍大一些。2011 年 CIR-CCAPM 利率得到的 GDP 增长率较官方 GDP 增长率小约 0.47 个百分点，这可能与 2011 年欧洲债务危机有关。

表 5-3　考虑住户 FISIM 最终消费与净出口
FISIM 的 GDP 与官方 GDP 的比较　　　　单位：亿元

年份	仅包含住户 FISIM 最终消费的 GDP		含净出口与住户 FISIM 最终消费的 GDP		官方 GDP
	平均存贷款利率	CIR-CCAPM 利率	平均存贷款利率	CIR-CCAPM 利率	
2010	417979.82	419924.19	417965.25	419909.62	413030.30
2011	495097.90	495393.93	495198.00	495494.03	489300.60
2012	547293.50	547636.19	547380.33	547723.02	540367.40
2013	603303.09	604367.14	603329.53	604393.57	595244.40
2014	652960.31	654245.30	653095.46	654380.46	643974.40
2015	697460.09	704257.08	697530.67	704327.67	689052.10

表 5-4　含 FISIM 最终使用的 GDP 增长率与官方 GDP 增长率的比较　单位:%

年份	平均存贷款利率	CIR - CCAPM 利率	官方 GDP
2011	18.48	18.00	18.47
2012	10.54	10.54	10.44
2013	10.22	10.35	10.16
2014	8.25	8.27	8.19
2015	6.80	7.63	6.99

计算表 5-4 中 GDP 增长率的波动率，如表 5-5 所示。

表 5-5　含 FISIM 最终使用的 GDP 增长率波动率与官方
GDP 增长率波动率比较　单位:%

参考利率	平均存贷款利率	CIR - CCAPM 利率	官方 GDP 增长率
GDP 增长率波动率	4.52	4.14	4.49

由表 5-5 可知，CIR - CCAPM 利率计算的含 FISIM 最终使用的 GDP 增长率波动率较官方 GDP 增长率波动率低。

表 5-6 为 2015 年平均存贷款利率与 CIR - CCAPM 利率下 FISIM 产出和分摊（注：2010~2014 年的 FISIM 产出和分摊如表 5-19 至表 5-23 所示，其中涉及的进出口数据如表 5-29 至表 5-31 所示），从表 5-6 中可以看出，FISIM 总产出分摊为中间使用和最终使用，对 GDP 和 GNI 都会产生影响。具体来说，按平均存贷款利率计算，GDP 增加 8478.57 亿元，GNI 增加 8712.64 亿元；按 CIR - CCAPM 利率计算，GDP 增加 15275.56 亿元，GNI 增加 15509.63 亿元。把 2010~2015 年 FISIM 对 GDP 和 GNI 的影响绘制成图，如图 5-2 所示。由图 5-2 可以看出，CIR - CCAPM 利率计算的 GNI 和 GDP 的数值均高于平均存贷利率计算的 GNI 和 GDP 的数值。从数值的绝对值上看，FISIM 对 GNI 的影响高于对 GDP 的影响，而且二者随着时间推移差距有扩大的趋势。采用账户参考利率计算 FISIM 产出并分摊，如表 5-7 所示。

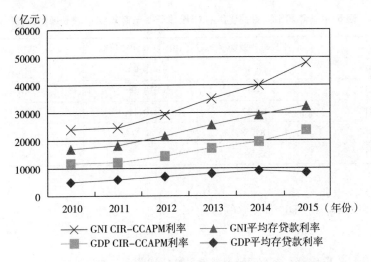

图 5 – 2　2010 ~ 2015 年 FISIM 对 GDP 和 GNI 的影响

表 5 – 6　2015 年平均存贷款利率与 CIR – CCAPM

利率下 FISIM 产出和分摊　　　　　　单位：亿元

指标	指标序号	平均存贷款利率	CIR – CCAPM 利率
国内 FISIM 产出	1	36484. 66	42188. 65
国内 FISIM 产出的机构部门分摊			
非金融企业和机关团体	2	22208. 41	22346. 79
金融企业	3	1881. 87	3561. 19
住户	4	12394. 38	16280. 28
作为消费者的住户	5	8407. 99	15204. 98
作为住房拥有者的住户	6	2461. 24	664. 14
非公司企业和为住户服务的非营利机构	7	1525. 15	411. 16
出口的 FISIM	8	375. 23	375. 23
进口 FISIM	9（ = 10 + 11）	626. 13	626. 13
非金融企业和金融企业（在国外的贷款）	10	321. 48	321. 48
一般政府和住户（在国外的存款）	11	304. 65	304. 65
FISIM 的总使用	12（ = 1 + 9）	37110. 79	42814. 78
中间使用（金融企业和非金融企业）	13	28022. 92	26929. 92
最终使用（一般政府和住户）	14（ = 11 + 5）	8712. 64	15509. 63
出口的 FISIM	15（ = 8）	375. 23	375. 23
FISIM 的总供给	16（ = 17 + 18）	37100. 13	42814. 78

续表

指标	指标序号	平均存贷款利率	CIR – CCAPM 利率
国内生产	17（=1）	36484.66	42188.65
进口	18（=9）	626.13	626.13
FISIM 对 GDP 的影响	19（=5+8－11）	8478.57	15275.56
FISIM 对 GNI 的影响	20（=14）	8712.64	15509.63

表 5 - 7　2010 年和 2012 年账户参考利率计算的

FISIM 产出和分摊　　　　单位：亿元

指标	指标序号	2010 年	2012 年
国内 FISIM 产出	1	16853.47	22458.38
国内 FISIM 产出的机构部门分摊			
非金融企业和机关团体	2	12844.72	16081.68
金融企业	3		
住户	4	4008.75	6376.70
作为消费者的住户	5	972.40	2471.19
作为住房拥有者的住户	6	1837.05	2219.99
非公司企业和为住户服务的非营利机构	7	1199.30	1685.52
出口的 FISIM	8	168.60	422.92
进口 FISIM	9（=10+11）	400.70	630.64
非金融企业和金融企业（在国外的贷款）	10	217.53	294.05
一般政府和住户（在国外的存款）	11	183.17	336.09
FISIM 的总使用	12（=1+9）	17254.17	23089.02
中间使用（金融企业和非金融企业）	13	15930	19858.82
最终使用（一般政府和住户）	14（=11+5）	1155.57	2807.28
出口的 FISIM	15（=8）	168.60	422.92
FISIM 的总供给	16（=17+18）	17254.17	23089.02
国内生产	17（=1）	16853.47	22458.38
进口	18（=9）	400.70	630.64
FISIM 对 GDP 的影响	19（=5+8－11）	957.83	2558.02
FISIM 对 GNI 的影响	20（=14）	1155.57	2807.28

表 5-7 为 2010 年和 2012 年账户参考利率下 FISIM 产出分解，从表 5-7 可以看出，FISIM 总产出分摊为中间使用和最终使用，对 GDP 和 GNI 都会产生影响。具体来说，2010 年 GDP 增加 957.83 亿元，GNI 增加 1155.57 亿元；2012 年 GDP 增加 2258.02 亿元，GNI 增加 2807.28 亿元。从数值的绝对值上看，FISIM 对 GNI 的影响高于对 GDP 的影响，而且二者 2012 年的差异大于 2010 年的差异。

5.1.3　三方等价原则的 GDP 影响

GDP 核算满足三方等价原则，这里 FISIM 总产出的分摊对 GDP 的影响也满足三方等价原则，平均存贷款利率、CIR – CCAPM 利率下 GDP 变化的三方等价原则如表 5-8、表 5-32 至表 5-36 所示。账户参考利率下 GDP 变化的三方等价原则，如表 5-9 和表 5-10 所示。

表 5-8　2015 年平均存贷款利率与 CIR – CCAPM 利率下
GDP 变化的三方等价原则　　　　　　　　单位：亿元

	产出 投入	中间使用				最终使用		总产出
		非金融企业	金融企业	政府	住户	住户	净出口	
中间投入	非金融企业							
	金融企业	–15275.57　（–8478.57）				15204.99 （8407.99）	70.58	
	政府							
	住户							
增加值	劳动者报酬							
	生产税净额							
	固定资产折旧							
	营业盈余	15275.57　（8478.57）						
	总投入							

注：表格括号中的数字为平均存贷款利率计算的数值，非括号中的数字为 CIR – CCAPM 利率计算的数值。

表 5 – 9 **2010 年账户参考利率下 GDP 变化的三方等价原则** 单位：亿元

投入 ＼ 产出		中间使用				最终使用		总产出
		非金融企业	金融企业	政府	住户	住户	净出口	
中间投入	非金融企业							
	金融企业		– 957.83			972.40	– 14.57	
	政府							
	住户							
增加值	劳动者报酬							
	生产税净额							
	固定资产折旧							
	营业盈余		957.83					
总投入								

表 5 – 10 **2012 年账户参考利率下 GDP 变化的三方等价原则** 单位：亿元

投入 ＼ 产出		中间使用				最终使用		总产出
		非金融企业	金融企业	政府	住户	住户	净出口	
中间投入	非金融企业							
	金融企业		– 2894.11			2807.28	86.83	
	政府							
	住户							
增加值	劳动者报酬							
	生产税净额							
	固定资产折旧							
	营业盈余		2894.11					
总投入								

由表 5 – 8 可知，若总产出、总投入不发生变化，以 2015 年 CIR – CCAPM 利率计算 FISIM 产出为例。在产出方向，FIs 的 FISIM 分摊为企业的中间消费、住户的最终消费支出和净出口三项。除住户部门外的其他部门的最终消费没有发生变化，这样 FISIM 的分摊使得最终使用增加，进而使一国支出法核算的 GDP 增加，增加量为 ΔGDP = 15204.99 + 70.58 = 15275.57 亿元。在投入方向，按生产法核算，GDP 的增加量为 ΔGDP = 15275.57 亿元。按收入法核算，营业盈余是一

个平衡项目，由总产出减去中间消耗减去雇员报酬减去生产税净额再减去固定资产折旧得到。其他指标不发生变化，则收入法 GDP 的增加量为 ΔGDP ＝营业盈余的变化量＝15275.57 亿元。

对于账户参考利率，由表 5 - 9 和表 5 - 10 可以看出，若总产出、总投入不发生变化，除住户部门外的其他部门的最终消费没有发生变化。则一国支出法核算的 GDP 增加，2010 年增加量为 ΔGDP ＝972.4 - 14.57 ＝957.83 亿元，2012 年增加量为 ΔGDP ＝2807.28 + 86.83 ＝2894.11 亿元。在投入方向，按生产法核算，2010 年 GDP 的增加量为 ΔGDP ＝957.83 亿元，2012 年 GDP 的增加量为 ΔGDP ＝2894.11 亿元。按收入法核算，若其他指标不发生变化，则 2010 年收入法 GDP 的增加量为 ΔGDP ＝营业盈余的变化量＝957.83 亿元，2012 年收入法 GDP 的增加量为 ΔGDP ＝营业盈余的变化量＝2894.11 亿元。

5.2　现价 FISIM 对收入分配的影响

5.2.1　现价 FISIM 对收入形成的影响

根据中国 2012 年投入产出表各行业营业盈余系数计算经济总体的营业盈余，进而计算经济总体的营业盈余系数。结合图 5 - 3 中各种参考利率下贷款 FISIM 的数据，计算经济总体营业盈余中因贷款服务而产生的营业盈余（这里简称"贷款服务营业盈余"）。因参考利率的使用影响支付贷款利息的大小，故将营业盈余分为应付利息、贷款服务营业盈余和其他营业盈余构成。比较按照 2002 年中国国民经济核算体系 FISIM 计算方法下的营业盈余（这里简称"官方"）与前述四种参考利率（平均存贷款利率、CIR - CCAPM 利率、CIR - CCAPM - D 利率、银行间同业拆借利率）计算 FISIM 下的营业盈余，如图 5 - 3 所示。由圆心依次向外的环形带，分别代表贷款服务营业盈余、其他营业盈余、应付利息和营业盈余总额。由图 5 - 3 可知，采用参考利率核算 FISIM，使得营业盈余的构成较官方营业盈余发生了变化。营业盈余总额数值较官方数值略有增大。其中，平均存贷款利率、CIR - CCAPM 利率和 CIR - CCAPM - D 利率情况下的营业盈余差异较小，采用银行间同业拆借利率下的营业盈余数值最大，约比官方数值多将近 2000 亿元。

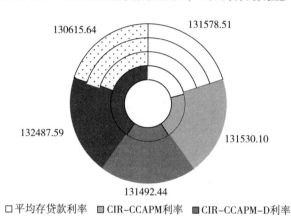

图 5 - 3　2012 年不同参考利率下营业盈余结构

5.2.2　现价 FISIM 对收入初次分配与再分配的影响

首先，分析平均存贷款利率和 CIR - CCAPM 利率下核算 FISIM 对经济总体收入分配与再分配的影响。以增加值为起点的收入分配过程如表 5 - 11 所示。由增加值到初次分配总收入，不仅是受平均存贷款利率与 CIR - CCAPM 利率两种方法计算的增加值本身数值的影响，还受财产收入中因支付利息变化的影响。由初次分配总收入到可支配总收入，若经济总体与国外部门不发生因 FISIM 核算所产生的经常转移，则可支配总收入变化额与初次分配总收入变化额相等。从 2010 年至 2014 年初次分配总收入来看，平均存贷款利率下的初次分配总收入偏高，CIR - CCAPM 利率下的初次分配总收入次之，但二者都高于官方原始数值。账户参考利率下核算 FISIM 对经济总体收入分配与再分配的影响如表 5 - 12 所示。初次分配总收入和再分配总收入均高于官方原始数值。

表 5－11　平均存贷款利率与 CIR－CCAPM 利率下核算 FISIM 对经济总体收入分配的影响

单位：亿元

指标	2014 年		2013 年		2012 年		2011 年		2010 年	
	运用	来源	运用	来源	运用	来源	运用	来源	运用	来源
增加值		643974.10		588018.80		519470.10		473104.10		401513.00
a. 平均存贷款利率		653095.46		603329.53		547380.33		495198.00		417965.25
b. CIR－CCAPM 利率		654380.46		604393.57		547723.02		495494.03		419909.52
财产收入	120664.70	119899.30	109564.80	103747.00	120552.50	118332.75	98930.21	93422.93	68687.31	66109.50
a. 平均存贷款利率	111392.11	110626.68	99346.39	93528.59	108752.65	106532.90	85647.54	80140.26	54076.26	51498.45
b. CIR－CCAPM 利率	114700.18	113934.75	99860.17	94042.37	109345.94	107126.19	87523.63	82016.35	56454.80	53876.95
利息	91312.93	99142.91	79947.46	86991.67	96298.19	103402.66	76005.14	82429.58	49529.94	56457.70
a. 平均存贷款利率	82040.31	89870.29	69729.02	76773.23	84498.33	91602.80	62722.47	69146.91	34918.89	41846.60
b. CIR－CCAPM 利率	85348.38	93178.36	70242.80	77287.01	85091.62	92196.09	64598.56	71023.00	37297.43	44225.10
红利	19759.99	11164.58	21184.40	8322.39	15749.33	6425.11	16638.00	4706.28	13980.65	4475.13
地租	5869.43	5869.43	5127.92	5127.92	4411.21	4411.21	3075.52	3075.52	2428.68	2428.68
其他财产收入	3722.38	3722.38	3305.05	3305.05	4093.78	4093.78	3211.55	3211.55	2748.04	2748.04
初次分配总收入		644791.10		583196.70		518214.74		468562.40		399760.00
a. 平均存贷款利率		652330.03		597511.73		545160.58		489690.72		415387.44
b. CIR－CCAPM 利率		653615.03		598575.77		545503.27		489986.75		417331.77
经常转移	131117.80	131205.90	118367.50	117827.70	102614.20	102831.01	88431.20	90014.26	68724.12	71478.30
收入税	32362.83	32362.83	29030.36	29030.36	25818.16	25818.16	22823.75	22823.75	17680.81	17680.80
社会保险缴款	40438.81	40438.81	35993.58	35993.58	31411.03	31411.03	27217.58	27217.58	20584.50	20584.50
社会保险福利	33680.57	33680.57	28743.93	28743.93	23930.70	23930.70	20363.89	20363.89	16207.24	16207.20
社会补助	10672.21	10672.21	10090.96	10090.96	8708.28	8708.28	7588.85	7588.85	6137.51	6137.51
其他经常转移	13963.33	14051.52	14508.65	13968.83	12746.04	12962.85	10437.13	12020.19	8114.05	10868.20
可支配总收入		644879.30		582656.90		518431.55		470145.40		402514.00
a. 平均存贷款利率		652418.13		596971.93		545377.39		491273.78		418141.62
b. CIR－CCAPM 利率		653703.13		598035.97		545720.08		491569.81		420085.95

注：斜体字为基于本书模型计算得到的数值。

数据来源：http://data.stats.gov.cn/年度数据/实物交易资金流量表整理。

表 5-12　账户参考利率下核算 FISIM 对经济
总体收入分配与再分配的影响　　　　　　　　单位：亿元

指标	2012 年		2010 年	
	运用	来源	运用	来源
增加值		540367.40		413030.30
账户参考利率		*541325.32*		*415588.32*
财产收入	120552.50	118332.75	68687.31	66109.50
账户参考利率	*101039.90*	*87020.29*	*52647.78*	*51498.45*
利息	96298.19	103402.66	49529.94	56457.70
账户参考利率	*76785.58*	*72090.19*	*33490.41*	*41846.6*
红利	15749.33	6425.11	13980.65	4475.13
地租	4411.21	4411.21	2428.68	2428.68
其他财产收入	4093.78	4093.78	2748.04	2748.04
初次分配总收入		518214.74		399760.00
账户参考利率		*527305.71*		*414438.99*
经常转移	102614.20	102831.01	68724.12	71478.30
收入税	25818.16	25818.16	17680.81	17680.80
社会保险缴款	31411.03	31411.03	20584.50	20584.50
社会保险福利	23930.70	23930.70	16207.24	16207.20
社会补助	8708.28	8708.28	6137.51	6137.51
其他经常转移	12746.04	12962.85	8114.05	10868.20
可支配总收入		518431.55		402514.00
账户参考利率		*527522.52*		*417193.17*

注：斜体字为基于本书模型计算得到的数值。

数据来源：http：//data.stats.gov.cn/年度数据/实物交易资金流量表整理。

表 5-13　2015 年平均存贷款利率与 CIR - CCAPM
利率下国内机构部门资金流量变化　　　　　　单位：亿元

指标	住户		非金融企业		政府		金融机构	
	使用	来源	使用	来源	使用	来源	使用	来源
增加值								
a. 平均存贷款利率		8407.99				-304.65		375.23
b. CIR - CCAPM 利率		15204.98				-304.65		375.23

指标	住户		非金融企业		政府		金融机构	
	使用	来源	使用	来源	使用	来源	使用	来源
财产收入								
a. 平均存贷款利率	−5108.92		−8665.37		−4332.68		−162.50	
b. CIR−CCAPM 利率	−1378.60		−2338.27		−1169.14		−43.78	
应付利息								
a. 平均存贷款利率	−5108.92		−8665.37		−4332.68		−162.50	
b. CIR−CCAPM 利率	−1378.60		−2338.27		−1169.14		−43.78	
初次分配总收入								
a. 平均存贷款利率		13516.91		8665.37		4028.03		537.73
b. CIR−CCAPM 利率		16583.58		2338.27		864.49		419.01
经常转移								
a. 平均存贷款利率		4028.03			4028.03			
b. CIR−CCAPM 利率		864.49			864.49			
可支配总收入								
a. 平均存贷款利率		17544.94		8665.37		−		537.73
b. CIR−CCAPM 利率		17448.07		2338.27		−		419.01

注："−"表示这项数值不发生变化，财产收入以负值记录使用方，目的是说明这项数值较之前减小。

其次，按照以上关于经济总体收入分配影响机理，分析各机构部门收入分配影响情况。结合表 4−17、表 4−22 和表 4−24 数据，构建资金流量表分析采用参考利率核算 FISIM 对收入分配的影响。这里采用简化资金流量表分析变化情况。采用参考利率计算 FISIM，会使贷款利率包含金融中介服务费率，故因贷款而产生的财产收入的计算利率应为贷款利率剔除金融中介服务费率的利率，即参考利率。因贷款而产生的财产收入为参考利率×贷款余额。而因存款而产生的财产收入则不发生变化。因而，以增加值为起点的收入初次分配中，财产收入的变化主要由贷款引起。为简单起见，假定经常转移只有政府转移给住户部门，并且转移数额为政府部门的全部初次分配总收入增加额，这一增加额按表 4−16 中非金融企业和政府存款 FISIM 比例（2∶1）计算。进口的存款 FISIM 全部计入政府部门。2015 年国内机构部门资金流量的变化情况如表 5−13 所示（注：2010 年至 2014 年国内机构部门资金流量变化如表 5-24 至表 5-28 所示）。把 2010 年至 2015 年住户部门的资金流量变化绘为图形，如图 5-4 所示。由图 5-4 可知，随着时间的推移，住户部门的财产收入和初次分配总收入总体呈增长趋势，初次分配总收入的增长幅度大于财产收入增长幅度，这源于初次分配总收入增长量一部分源于住户增加值的增长。

由表 5-13 可知，以 CIR-CCAPM 利率为例，采用此利率计算 2015 年的 FISIM 并在中间使用与最终使用之间分摊，会使住户部门的增加值增加 15204.98 亿元，政府部门因进口存款 FISIM，使得其增加值减小 304.65 亿元，金融机构因出口 FISIM，使得其增加值增加 375.23 亿元。对于财产收入项目，住户、非金融企业、政府和金融机构贷款的应付财产收入减小，减小额分别为 1378.60 亿元、2338.27 亿元、1169.14 亿元和 43.78 亿元。经常转移项目只发生在政府与住户之间，政府经常转移给住户 864.49 亿元，最终住户因接受了政府的全额经常转移，可支配总收入增加额较初次分配总收入增加额大，为 17448.07 亿元。金融机构没有发生经常转移，故初次分配总收入增加额与可支配总收入增加额相等。

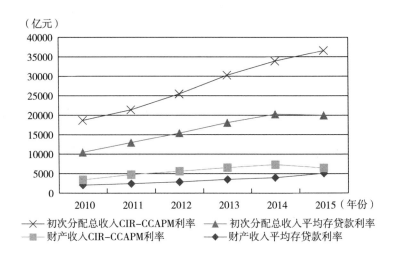

图 5-4　FISIM 分摊对住户财产收入和初次分配总收入的影响

表 5-14 和表 5-15 分别为 2010 年和 2012 年账户参考利率下 FISIM 的机构

部门资金流量变化情况。由表 5 – 14 和表 5 – 15 可知，2010 年（2012 年）账户参考利率计算的 FISIM 在中间使用与最终使用之间分摊，会使住户部门的增加值增加 972.40（2471.19）亿元，政府部门因进口存款 FISIM，使得其增加值减小183.17（336.09）亿元，金融机构因出口 FISIM，使得其增加值增加 168.60（422.92）亿元。对于财产收入项目，住户、非金融企业、政府和金融机构贷款的应付财产收入减小，减小额分别为 3602.76（4776.91）亿元、8290.91（9823.80）亿元、4145.46（4911.90）亿元。经常转移项目只发生在政府与住户之间，政府经常转移给住户 3962.29（4575.81）亿元，最终住户因接受了政府的全额经常转移，可支配总收入增加额较初次分配总收入增加额大，为8537.45（18092.72）亿元。金融机构没有发生经常转移，故初次分配总收入增加额与可支配总收入增加额相等。

表 5 – 14　2010 年账户参考利率计算的 FISIM 对
国内机构部门资金流量变化的影响　　　　　　单位：亿元

指标	住户		非金融企业		政府		金融机构	
	使用	来源	使用	来源	使用	来源	使用	来源
增加值								
账户参考利率		972.40				– 183.17		168.60
财产收入								
账户参考利率	– 3602.76		– 8290.91		– 4145.46			
应付利息								
账户参考利率	– 3602.76		– 8290.91		– 4145.46			
初次分配总收入								
账户参考利率		4575.16		8290.91		3962.29		168.60
经常转移								
账户参考利率		3962.29				3962.29		
可支配总收入								
账户参考利率		8537.45		8290.91		–		168.60

注："–"表示这项数值不发生变化，财产收入以负值记录使用方，目的是说明这项数值较之前减小。

表 5-15　2012 年账户参考利率计算的 FISIM 对

国内机构部门资金流量变化的影响　　　　　单位：亿元

指标	住户		非金融企业		政府		金融机构	
	使用	来源	使用	来源	使用	来源	使用	来源
增加值								
账户参考利率		2471.19				-336.09		422.92
财产收入								
账户参考利率	-4776.91		-9823.80		-4911.90			
应付利息								
账户参考利率	-4776.91		-9823.80		-4911.90			
初次分配总收入								
账户参考利率		13516.91		9823.80		4575.81		422.92
经常转移								
账户参考利率		4575.81			4575.81			
可支配总收入								
账户参考利率		18092.72		9823.80		-		422.92

注：“-”表示这项数值不发生变化，财产收入以负值记录使用方，目的是说明这项数值较之前减小。

5.3　本章小结

本章详细考察 FISIM 分摊到最终使用的部分对 GDP 收入分配的影响。研究发现：第一，对 GDP 的影响方面。CIR - CCAPM 利率得到的 GDP 较官方 GDP 数值大，且 CIR - CCAPM 利率得到的 GDP 增长率较官方 GDP 增长率大。但 CIR - CCAPM 利率计算的含 FISIM 最终使用的 GDP 增长率波动率较官方 GDP 增长率波动率低。FISIM 总产出分摊为中间使用和最终使用，对 GNI 的影响高于对 GDP 的影响。第二，对收入分配的影响方面。采用参考利率计算 FISIM 会影响机构部门应付财产收入的变化，从而影响收入形成中营业盈余项目的数值大小及构成，进而影响初次分配总收入及可支配总收入。综观来看，FISIM 产出对最终使用的分摊使得 GDP 较原有传统方法的 GDP 增加，相应地，经济总体和各机构部门的初次分配总收入与可支配总收入也会与传统方法核算的数值不尽相同。

5.4　系列表

表 5 – 16　CIR – CCAPM – D 利率下贷款 FISIM 按行业分摊　单位：亿元

指标名称	2010 年	2011 年	2012 年	2013 年	2014 年	2015 年
农林牧渔业	73.74	115.87	127.45	135.60	147.94	49.82
采矿业	145.98	265.35	321.46	310.40	314.03	106.25
制造业	968.52	1708.96	1987.53	1971.25	1926.43	629.15
电力、燃气及水的生产和供应业	374.39	604.62	629.95	578.91	590.18	206.59
建筑业	140.95	272.63	349.96	367.24	397.62	139.04
交通运输、仓储和邮政业	547.20	919.13	1048.35	1052.27	1141.05	411.61
信息传输、计算机服务和软件业	22.75	35.20	39.98	44.17	43.22	16.65
批发和零售业	417.06	771.06	976.06	1060.44	1079.35	372.21
住宿和餐饮业	32.63	57.38	74.21	85.39	89.83	30.13
金融业	19.33	25.77	40.77	46.87	54.39	137.91
房地产业	376.43	583.26	635.84	658.60	737.63	265.00
租赁和商务服务业	279.55	448.14	500.80	536.27	617.45	243.44
科学研究、技术服务和地质勘查业	8.72	15.30	19.34	22.25	24.89	8.80
水利、环境和公共设施管理业	454.58	653.35	645.92	595.76	618.23	218.09
居民服务和其他服务业	29.43	40.16	32.84	29.01	30.12	9.59
教育	42.87	53.39	44.71	42.04	44.49	14.91
卫生、社会保障和社会福利业	18.20	31.25	38.28	40.08	45.58	16.96
文化、体育和娱乐业	11.30	20.99	27.13	29.96	34.76	13.62
公共管理和社会组织	60.53	86.88	100.76	100.10	115.26	45.39

表 5 - 17　银行间同业拆借利率下贷款 FISIM 按行业分摊　　单位：亿元

指标名称	2010 年	2011 年	2012 年	2013 年	2014 年	2015 年
农林牧渔业	267. 31	218. 24	272. 10	245. 96	325. 04	338. 52
采矿业	529. 17	499. 76	686. 31	562. 99	689. 95	722. 05
制造业	3510. 87	3218. 72	4243. 32	3575. 45	4232. 51	4275. 33
电力、燃气及水的生产和供应业	1357. 15	1138. 76	1344. 92	1050. 02	1296. 68	1403. 88
建筑业	510. 95	513. 49	747. 15	666. 09	873. 61	944. 84
交通运输、仓储和邮政业	1983. 58	1731. 12	2238. 20	1908. 60	2506. 97	2797. 06
信息传输、计算机服务和软件业	82. 46	66. 29	85. 36	80. 11	94. 95	113. 15
批发和零售业	1511. 83	1452. 25	2083. 85	1923. 42	2371. 42	2529. 31
住宿和餐饮业	118. 30	108. 07	158. 44	154. 87	197. 37	204. 75
金融业	70. 07	48. 54	87. 04	85. 02	119. 49	937. 13
房地产业	1364. 54	1098. 54	1357. 50	1194. 57	1620. 63	1800. 82
租赁和商务服务业	1013. 36	844. 04	1069. 20	972. 68	1356. 58	1654. 29
科学研究、技术服务和地质勘查业	31. 60	28. 81	41. 28	40. 35	54. 68	59. 81
水利、环境和公共设施管理业	1647. 85	1230. 53	1379. 02	1080. 58	1358. 29	1482. 00
居民服务和其他服务业	106. 68	75. 64	70. 10	52. 63	66. 19	65. 17
教育	155. 40	100. 55	95. 46	76. 25	97. 74	101. 32
卫生、社会保障和社会福利业	65. 98	58. 86	81. 72	72. 70	100. 14	115. 28
文化、体育和娱乐业	40. 95	39. 54	57. 92	54. 34	76·36	92. 58
公共管理和社会组织	219. 43	163. 63	215. 12	181. 55	253. 24	308. 46

表 5 - 18　平均存贷款利率下贷款 FISIM 按行业分摊　　单位：亿元

指标名称	2010 年	2011 年	2012 年	2013 年	2014 年	2015 年
农林牧渔业	121. 81	127. 25	139. 96	165. 53	185. 74	213. 98
采矿业	241. 12	291. 39	353. 02	378. 90	394. 26	456. 41
制造业	1599. 78	1876. 71	2182. 63	2406. 29	2418. 58	2702. 47
电力、燃气及水的生产和供应业	618. 41	663. 97	691. 78	706. 67	740. 96	887. 40
建筑业	232. 82	299. 39	384. 31	448. 28	499. 21	597. 24
交通运输、仓储和邮政业	903. 85	1009. 35	1151. 26	1284. 50	1432. 56	1768. 04
信息传输、计算机服务和软件业	37. 57	38. 65	43. 90	53. 92	54. 26	71. 52
批发和零售业	688. 89	846. 75	1071. 86	1294. 47	1355. 10	1598. 80
住宿和餐饮业	53. 91	63. 01	81. 49	104. 23	112. 78	129. 42

指标名称	2010 年	2011 年	2012 年	2013 年	2014 年	2015 年
金融业	31.93	28.30	44.77	57.22	68.28	592.37
房地产业	621.77	640.51	698.25	803.95	926.07	1,138.31
租赁和商务服务业	461.75	492.13	549.96	654.62	775.19	1,045.69
科学研究、技术服务和地质勘查业	14.40	16.80	21.23	27.16	31.25	37.81
水利、环境和公共设施管理业	750.87	717.48	709.32	727.24	776.17	936.78
居民服务和其他服务业	48.61	44.10	36.06	35.42	37.82	41.19
教育	70.81	58.63	49.10	51.31	55.85	64.05
卫生、社会保障和社会福利业	30.07	34.32	42.04	48.92	57.23	72.87
文化、体育和娱乐业	18.66	23.05	29.79	36.57	43.63	58.52
公共管理和社会组织	99.99	95.40	110.65	122.19	144.71	194.98

表 5-19　2014 年平均存贷款利率与 CIR-CCAPM

利率下 FISIM 产出和分摊　　　　　　　　单位：亿元

指标	指标序号	平均存贷款利率	CIR-CCAPM 利率
国内 FISIM 产出	1	29218.76	29380.68
国内 FISIM 产出的机构部门分摊			
非金融企业和机关团体	2	17075.84	16466.70
金融企业	3		
住户	4	12142.91	12913.98
作为消费者的住户	5	8985.91	10270.9
作为住房拥有者的住户	6	1819.68	1523.47
非公司企业和为住户服务的非营利机构	7	1337.32	1119.61
出口的 FISIM	8	618.16	618.16
进口 FISIM	9	995.57	995.57
非金融企业和金融企业（在国外的贷款）	10	512.57	512.57
一般政府和住户（在国外的存款）	11	483.00	483.00
FISIM 的总使用	12（=1+9）	30214.33	30376.25
中间使用（金融企业和非金融企业）	13	20127.26	19004.19
最终使用（一般政府和住户）	14（=11+5）	9648.91	10753.90
出口的 FISIM	15（=8）	618.16	618.16

续表

指标	指标序号	平均存贷款利率	CIR – CCAPM 利率
FISIM 的总供给	16（= 17 + 18）	30214.33	30376.25
国内生产	17（= 1）	29218.76	29380.68
进口	18（= 9）	995.57	995.57
FISIM 对 GDP 的影响	19（= 5 + 8 – 11）	9121.07	10406.06
FISIM 对 GNI 的影响	20（= 14）	9648.91	10753.90

表 5 – 20　2013 年平均存贷款利率与 CIR – CCAPM

利率下 FISIM 产出和分摊　　　　　　单位：亿元

指标	指标序号	平均存贷款利率	CIR – CCAPM 利率
国内 FISIM 产出	1	26641.66	26879.34
国内 FISIM 产出的机构部门分摊			
非金融企业和机关团体	2	15772.51	15343.10
金融企业	3		
住户	4	10869.16	11536.24
作为消费者的住户	5	8058.69	9122.74
作为住房拥有者的住户	6	1566.01	1368.00
非公司企业和为住户服务的非营利机构	7	1217.46	1045.50
出口的 FISIM	8	366.87	366.87
进口 FISIM	9	806.79	806.79
非金融企业和金融企业（在国外的贷款）	10	466.36	466.36
一般政府和住户（在国外的存款）	11	340.43	340.43
FISIM 的总使用	12（= 1 + 9）	27448.45	27686.13
中间使用（金融企业和非金融企业）	13	18682.46	17856.09
最终使用（一般政府和住户）	14（= 11 + 5）	8399.12	9463.17
出口的 FISIM	15（= 8）	366.87	366.87
FISIM 的总供给	16（= 17 + 18）	27448.45	27686.13
国内生产	17（= 1）	26641.66	26879.34
进口	18（= 9）	806.79	806.79
FISIM 对 GDP 的影响	19（= 5 + 8 – 11）	8085.13	9149.18
FISIM 对 GNI 的影响	20（= 14）	8399.12	9463.17

表 5 – 21　2012 年平均存贷款利率与 CIR – CCAPM

利率下 FISIM 产出和分摊　　　　　　单位：亿元

指标	指标序号	平均存贷款利率	CIR – CCAPM 利率
国内 FISIM 产出	1	23582.93	23669.43
国内 FISIM 产出的机构部门分摊			
非金融企业和机关团体	2	14295.05	14157.61
金融企业	3		
住户	4	9287.88	9511.82
作为消费者的住户	5	6926.10	7288.79
作为住房拥有者的住户	6	1342.50	1275.00
非公司企业和为住户服务的非营利机构	7	1019.28	948.03
出口的 FISIM	8	422.92	422.92
进口 FISIM	9	630.64	630.64
非金融企业和金融企业（在国外的贷款）	10	294.05	294.05
一般政府和住户（在国外的存款）	11	336.09	336.09
FISIM 的总使用	12（=1+9）	24213.57	24300.07
中间使用（金融企业和非金融企业）	13	16528.46	16252.27
最终使用（一般政府和住户）	14	7262.19	7624.88
出口的 FISIM	15（=8）	422.92	422.92
FISIM 的总供给	16（=17+18）	24213.57	24300.07
国内生产	17（=1）	23582.93	23669.43
进口	18（=9）	630.64	630.64
FISIM 对 GDP 的影响	19（=5+8−11）	7012.93	7375.62
FISIM 对 GNI 的影响	20（=14）	7262.19	7624.88

表 5 – 22　2011 年平均存贷款利率与 CIR – CCAPM

利率下 FISIM 产出和分摊　　　　　　单位：亿元

指标	指标序号	平均存贷款利率	CIR – CCAPM 利率
国内 FISIM 产出	1	20407.28	20492.85
国内 FISIM 产出的机构部门分摊			
非金融企业和机关团体	2	12586.65	12477.92
金融企业	3		

续表

指标	指标序号	平均存贷款利率	CIR – CCAPM 利率
住户	4	7820.64	8014.93
作为消费者的住户	5	5797.30	6093.33
作为住房拥有者的住户	6	1176.76	1117.59
非公司企业和为住户服务的非营利机构	7	846.58	804.01
出口的 FISIM	8	397.35	397.35
进口 FISIM	9	563.31	563.31
非金融企业和金融企业（在国外的贷款）	10	266.06	266.06
一般政府和住户（在国外的存款）	11	297.26	297.26
FISIM 的总使用	12（=1+9）	20970.59	21056.16
中间使用（金融企业和非金融企业）	13	14478.68	14268.22
最终使用（一般政府和住户）	14	6094.56	6390.59
出口的 FISIM	15（=8）	397.35	397.35
FISIM 的总供给	16（=17+18）	20970.59	21056.16
国内生产	17（=1）	20407.28	20492.85
进口	18（=9）	563.31	563.31
FISIM 对 GDP 的影响	19（=5+8−11）	5897.39	6193.43
FISIM 对 GNI 的影响	20（=14）	6094.56	6390.59

表 5 – 23　2010 年平均存贷款利率与 CIR – CCAPM 利率下 FISIM 产出和分摊　　　　单位：亿元

指标	指标序号	平均存贷款利率	CIR – CCAPM 利率
国内 FISIM 产出	1	18543.53	19369.78
国内 FISIM 产出的机构部门分摊			
非金融企业和机关团体	2	11838.63	11346.76
金融企业	3		
住户	4	6704.90	8023.02
作为消费者的住户	5	4949.52	6893.89
作为住房拥有者的住户	6	1062.03	680.14
非公司企业和为住户服务的非营利机构	7	693.35	448.99
出口的 FISIM	8	168.60	168.60

续表

指标	指标序号	平均存贷款利率	CIR – CCAPM 利率
进口 FISIM	9	400.70	400.70
非金融企业和金融企业（在国外的贷款）	10	217.53	217.53
一般政府和住户（在国外的存款）	11	183.17	183.17
FISIM 的总使用	12（=1+9）	18944.23	19770.48
中间使用（金融企业和非金融企业）	13	13642.94	12524.82
最终使用（一般政府和住户）	14（=11+5）	5132.69	7077.06
出口的 FISIM	15（=8）	168.60	168.60
FISIM 的总供给	16（=17+18）	18944.23	19770.48
国内生产	17（=1）	18543.53	19369.78
进口	18（=9）	400.70	400.70
FISIM 对 GDP 的影响	19（=5+8-11）	4934.95	6878.32
FISIM 对 GNI 的影响	20（=14）	5132.69	7077.06

表 5 – 24 2014 年平均存贷款利率与 CIR – CCAPM

利率下国内机构部门资金流量变化　　　　　单位：亿元

指标	住户		非金融企业		政府		金融机构	
	使用	来源	使用	来源	使用	来源	使用	来源
增加值								
a. 平均存贷款利率		8985.91				-483.00		618.16
b. CIR – CCAPM 利率		10270.90				-483.00		618.16
财产收入								
c. 平均存贷款利率	-3981.98		-7086.05		-3543.02			
d. CIR – CCAPM 利率	-3333.75		-5932.51		-2966.25			
应付利息								
c. 平均存贷款利率	-3981.98		-7086.05		-3543.02			
d. CIR – CCAPM 利率	-3333.75		-5932.51		-2966.25			
初次分配总收入								
c. 平均存贷款利率		12967.89		7086.05		3060.02		618.16
d. CIR – CCAPM 利率		13604.65		5932.51		2483.25		618.16
经常转移								

续表

指标	住户		非金融企业		政府		金融机构	
	使用	来源	使用	来源	使用	来源	使用	来源
c. 平均存贷款利率		3060.02			3060.02			
d. CIR – CCAPM 利率		2483.25			2483.25			
可支配总收入								
c. 平均存贷款利率		16027.91		7086.05		–		618.16
d. CIR – CCAPM 利率		16087.90		5932.51		–		618.16

注:"－"表示这项数值不发生变化,财产收入以负值记录使用方,目的是说明这项数值较之前减小。

表 5 – 25　2013 年平均存贷款利率与 CIR – CCAPM 利率下国内机构部门资金流量变化

单位:亿元

指标	住户		非金融企业		政府		金融机构	
	使用	来源	使用	来源	使用	来源	使用	来源
增加值								
a. 平均存贷款利率		8058.69				– 340.43		366.87
b. CIR – CCAPM 利率		9122.74				– 340.43		366.87
财产收入								
e. 平均存贷款利率	– 3515.26		– 6511.61		– 3255.80			
f. CIR – CCAPM 利率	– 3018.75		– 5591.85		– 2795.94			
应付利息								
e. 平均存贷款利率	– 3515.26		– 6511.61		– 3255.80			
f. CIR – CCAPM 利率	– 3018.75		– 5591.85		– 2795.94			
初次分配总收入								
e. 平均存贷款利率		11573.95		6511.61		2915.37		366.87
f. CIR – CCAPM 利率		12141.49		5591.85		2455.51		366.87
经常转移								
e. 平均存贷款利率		2915.37			2915.37			
f. CIR – CCAPM 利率		2455.51			2455.51			
可支配总收入								
e. 平均存贷款利率		14489.32		6511.61		–		366.87
f. CIR – CCAPM 利率		14597.00		5591.85		–		366.87

注:"－"表示这项数值不发生变化,财产收入以负值记录使用方,目的是说明这项数值较之前减小。

表 5 - 26　2012 年平均存贷款利率与 **CIR - CCAPM**

利率下国内机构部门资金流量变化　　　　　单位：亿元

指标	住户		非金融企业		政府		金融机构	
	使用	来源	使用	来源	使用	来源	使用	来源
增加值								
a. 平均存贷款利率		6926.10				-336.09		422.92
b. CIR - CCAPM 利率		7268.79				-336.09		422.92
财产收入								
g. 平均存贷款利率	-2888.74		-5940.75		-2970.37			
h. CIR - CCAPM 利率	-2743.50		-5642.05		-2821.02			
应付利息								
g. 平均存贷款利率	-2888.74		-5940.75		-2970.37			
h. CIR - CCAPM 利率	-2743.50		-5642.05		-2821.02			
初次分配总收入								
g. 平均存贷款利率		9814.84		5940.75		2634.28		422.92
h. CIR - CCAPM 利率		10012.29		5642.05		2484.93		422.92
经常转移								
g. 平均存贷款利率		2634.28			2634.28			
h. CIR - CCAPM 利率		2484.93			2484.93			
可支配总收入								
g. 平均存贷款利率		12449.12		5940.75		-		422.92
h. CIR - CCAPM 利率		12497.22		5642.05				422.92

注：" - "表示这项数值不发生变化，财产收入以负值记录使用方，目的是说明这项数值较之前减小。

表 5 - 27　2011 年平均存贷款利率与 **CIR - CCAPM**

利率下国内机构部门资金流量变化　　　　　单位：亿元

指标	住户		非金融企业		政府		金融机构	
	使用	来源	使用	来源	使用	来源	使用	来源
增加值								
a. 平均存贷款利率		5797.30				-297.26		397.35
b. CIR - CCAPM 利率		6093.33				-297.26		397.35
财产收入								

续表

指标	住户		非金融企业		政府		金融机构	
	使用	来源	使用	来源	使用	来源	使用	来源
i. 平均存贷款利率	-2435.70		-5188.49		-2594.25			
j. CIR – CCAPM 利率	-2313.23		-4927.62		-2463.81			
应付利息								
i. 平均存贷款利率	-2435.70		-5188.49		-2594.25			
j. CIR – CCAPM 利率	-2313.23		-4927.62		-2463.81			
初次分配总收入								
i. 平均存贷款利率		8233.00		5188.49		2296.99		397.35
j. CIR – CCAPM 利率		8406.56		4927.62		2166.65		397.35
经常转移								
i. 平均存贷款利率		2296.99			2296.99			
j. CIR – CCAPM 利率		2166.55			2166.65			
可支配总收入								
i. 平均存贷款利率		10529.99		5188.49		–		397.35
j. CIR – CCAPM 利率		10573.11		4927.62		–		397.35

注："–"表示这项数值不发生变化，财产收入以负值记录使用方，目的是说明这项数值较之前减小。

表 5 – 28　2010 年平均存贷款利率与 CIR – CCAPM

利率下国内机构部门资金流量变化　　　　　　单位：亿元

指标	住户		非金融企业		政府		金融机构	
	使用	来源	使用	来源	使用	来源	使用	来源
增加值								
a. 平均存贷款利率		4949.52				-183.17		168.60
b. CIR – CCAPM 利率		6893.89				-183.17		168.60
财产收入								
k. 平均存贷款利率	-2082.84		-4793.19		-2396.59			
l. CIR – CCAPM 利率	-1339.77		-3083.19		-1541.59			
应付利息								
k. 平均存贷款利率	-2082.84		-4793.19		-2396.59			
l. CIR – CCAPM 利率	-1339.77		-3083.19		-1541.59			

续表

指标	住户		非金融企业		政府		金融机构	
	使用	来源	使用	来源	使用	来源	使用	来源
初次分配总收入								
k. 平均存贷款利率		7032.36		4793.19		2313.42		168.60
l. CIR – CCAPM 利率		8233.66		3083.19		1358.42		168.60
经常转移								
k. 平均存贷款利率		2313.42				2313.42		
l. CIR – CCAPM 利率		1358.42				1358.42		
可支配总收入								
k. 平均存贷款利率		9245.78		4793.19		–		168.60
l. CIR – CCAPM 利率		9592.08		3083.19		–		168.60

注:"–"表示这项数值不发生变化,财产收入以负值记录使用方,目的是说明这项数值较之前减小。

表 5 – 29　中国进出口存贷款余额　　　　　　单位:亿美元

年份	存款 FISIM 进口 国际投资头寸:资产	贷款 FISIM 出口 国际投资头寸:资产	存款 FISIM 出口 国际投资头寸:负债	贷款 FISIM 进口 国际投资头寸:负债
2010	2051.42	1174.40	1650.25	2388.90
2011	2942.12	2232.13	2477.30	3723.84
2012	3905.96	2777.76	2446.45	3679.85
2013	3750.56	3089.26	3466.04	5641.74
2014	5540.64	3747.49	5030.40	5719.50
2015	3895.00	4569.00	3267.00	3293.00
2016	3815.64	5622.27	3156.38	3236.50

数据来源:根据 Wind 资讯整理而得。

表 5 – 30　存贷款利率　　　　　　单位:%

年份	美国贷款利率	欧洲美元六个月存款利率	大额美元一年期贷款利率	中国银行美元小额存款利率
2010	3.25	0.59	2.75	1.00
2011	3.25	0.58	3.63	1.00
2012	3.25	0.62	3.31	0.75

续表

年份	美国贷款利率	欧洲美元六个月存款利率	大额美元一年期贷款利率	中国银行美元小额存款利率
2013	3.25	0.43	2.54	0.75
2014	3.25	0.38	3.07	0.75
2015	3.26	0.46	2.33	0.75

表 5 - 31　中国进出口 FISIM　　　　　　　　　　单位：亿元

年份	美元对人民币汇率	出口 FISIM	进口 FISIM	作为负项计入最终消费
2010	6.78	168.60	400.70	183.17
2011	6.46	397.35	563.31	297.26
2012	6.31	422.92	630.14	336.09
2013	6.15	366.87	806.79	340.43
2014	6.16	618.16	995.57	483.00
2015	6.28	375.23	626.13	304.65

表 5 - 32　2010 年平均存贷款利率与 CIR - CCAPM

利率下 GDP 变化的三方等价原则　　　　　　　单位：亿元

	产出 投入	中间使用				最终使用		总产出
		非金融企业	金融企业	政府	住户	住户	净出口	
中间投入	非金融企业							
	金融企业		-6879.32　（-4934.95）			6893.89	-14.57	
	政府							
	住户							
增加值	劳动者报酬							
	生产税净额							
	固定资产折旧							
	营业盈余		6879.32（4934.95）					
	总投入							

注：表格中括号中的数字为平均存贷款利率计算的数值，非括号中的数字为 CIR - CCAPM 利率计算的数值。

表 5 – 33　2011 年平均存贷款利率与 CIR – CCAPM

利率下 GDP 变化的三方等价原则　　　　　单位：亿元

	产出 投入	中间使用				最终使用		总产出
		非金融企业	金融企业	政府	住户	住户	净出口	
中间投入	非金融企业							
	金融企业		– 6193.43 （ – 5897.40）			6093.33	100.10	
	政府							
	住户							
增加值	劳动者报酬							
	生产税净额							
	固定资产折旧							
	营业盈余		6193.4（5897.40）					
	总投入							

注：表格中括号中的数字为平均存贷款利率计算的数值，非括号中的数字为 CIR – CCAPM 利率计算的数值。

表 5 – 34　2012 年平均存贷款利率与 CIR – CCAPM

利率下 GDP 变化的三方等价原则　　　　　单位：亿元

	产出 投入	中间使用				最终使用		总产出
		非金融企业	金融企业	政府	住户	住户	净出口	
中间投入	非金融企业							
	金融企业		– 7355.62 （ – 7012.93）			7268.79	86.83	
	政府							
	住户							
增加值	劳动者报酬							
	生产税净额							
	固定资产折旧							
	营业盈余		7355.62（7012.93）					
	总投入							

注：表格中括号中的数字为平均存贷款利率计算的数值，非括号中的数字为 CIR – CCAPM 利率计算的数值。

表 5 – 35 2013 年平均存贷款利率与 CIR – CCAPM

利率下 GDP 变化的三方等价原则 单位：亿元

投入\产出		中间使用				最终使用		总产出
		非金融企业	金融企业	政府	住户	住户	净出口	
中间投入	非金融企业							
	金融企业		– 9149.17 （ – 8085.12）			9122.7	26.43	
	政府							
	住户							
增加值	劳动者报酬							
	生产税净额							
	固定资产折旧							
	营业盈余		9149.17 （8085.12）					
总投入								

注：表格中括号中的数字为平均存贷款利率计算的数值，非括号中的数字为 CIR – CCAPM 利率计算的数值。

表 5 – 36 2014 年平均存贷款利率与 CIR – CCAPM

利率下 GDP 变化的三方等价原则 单位：亿元

投入\产出		中间使用				最终使用		总产出
		非金融企业	金融企业	政府	住户	住户	净出口	
中间投入	非金融企业							
	金融企业		– 10406.06 （ – 9121.07）			10270.9	135.16	
	政府							
	住户							
增加值	劳动者报酬							
	生产税净额							
	固定资产折旧							
	营业盈余		10406.06 （9121.07）					
总投入								

注：表格中括号中的数字为平均存贷款利率计算的数值，非括号中的数字为 CIR – CCAPM 利率计算的数值。

第❻章
可比价 FISIM 核算的理论研究

在国民账户体系中，间接测算的金融中介服务（Financial Intermediation Services Indirectly Measured，FISIM）主要由银行业提供。据资料显示，2008～2011年金融危机期间，FISIM 与银行准备金有着显著不同的增长速度。这种差异表现为，准备金服务是直接收取服务费的，也是银行收益的主要来源，而 FISIM 属于间接收取的服务费，它通常表现为利差的形式。二者的价格不同是其增长速度差异的主要原因。因而，一种恰当的 FISIM 缩减方法显得尤为重要。然而，FISIM 不同于一般的有形货物，它没有可计量的物理单位，而且其价格是隐含的，因而编制准确的价格指数和物量指数存在一定的困难。因此，如何测算现价 FISIM、可比价 FISIM 是国民经济核算中争论较大的主题之一。本章从使用者成本的角度解析了参考利率的由来，归纳整理了国际标准及著名学者关于现价 FISIM 核算的方法；比较研究了目前国内外关于可比价 FISIM 核算的原理，介绍了部分国家在可比价 FISIM 核算方面的实践情况；结合中国的实际，分析了各种核算方法的适用性，以期为中国间接测算的金融中介服务的可比价核算提供参考。

6.1　文献综述

关于 FISIM 物量核算国外方面起步较早。Diewert（1974）、Donovan（1978）和 Barnett（1978）提出了使用者成本价格指数法，以此对间接测算的金融中介服务可比价核算（为方便起见，以下简称可比价 FISIM 核算）进行研究。Fixler 和 Zieschang（1992）改进了使用者成本价格指数法，考虑金融服务的质量因素。1993 年国民经济核算体系（System of National Accounts，SNA）修订，提出了直接产出指数法，在无法获得直接产出指数的情况下，FISIM 可比价产出可采用经过缩减的存贷款变动率对基年现价 FISIM 产出外推获得。《欧盟价格和物量核算手册（2001）》中提出了两种 FISIM 物量核算方法：一种为存量缩减法，另一种为产出指数法。R. B. Barman 等（2004）研究了几种参考利率的使用及其对印度银行服务价格的影响。Fixler 和 Reinsdorf（2006）描述了美国关于 FISIM 缩减的方法。美国目前采用的方法是源于 1999 年的方法，这种方法假定银行总产出与美国劳工统计局估计的行业生产率的增长率相同。美国劳工统计局公布的银行产出指数是银行业各种活动的加权平均数。为了计算可比价 FISIM，美国经济分析局计算 Fisher 指数。Inklaar 和 Wang（2011）提出了关于 FISIM 产出缩减的方法。Paul den Boer（2012）介绍了荷兰的 FISIM 物量核算方法。F. Barzyk 等（2014）使用各种参考利率计算了服务生产者价格指数。

在国内方面，FISIM 的研究主要集中于参考利率的确定、部门分摊等方面，对于可比价 FISIM 核算的文献还较少。吴勇男等（2008）综述了银行部门的现价产出方法核算。曹小艳（2008）对 FISIM 核算进行了国际比较研究，简述了欧盟、美国和中国可比价 FISIM 的计算。杨灿等（2009）研究了 FISIM 核算的理论进展与中国的实践，提出了对中国可比价 FISIM 核算的建议。蒋萍（2012）研究了 FISIM 核算方法的演进与进展，指出中国 FISIM 物量核算采用单缩减法，对现价 FISIM 总产出进行缩减。

综观以上关于 FISIM 研究的文献，国内方面对可比价 FISIM 核算方法研究的文献主要还是集中在 FISIM 的相关问题中作为子问题进行研究，对于专门研究可比价 FISIM 核算的文章还比较少。如前所述，鉴于 FISIM 的价格变动与国民经济总体的价格变动存在差异，本书比较了目前国内外关于可比价 FISIM 核算的方法，并且结合中国的实际，分析了各种方法的适用性，以为中国可比价 FISIM 核算提供参考。

6.2 FISIM 的有关核算理论

6.2.1 2008 年 SNA 关于 FISIM

关于 FISIM，2008 年 SNA 的 6.163 段中这样描述：金融中介机构是金融服务提供的一种传统媒介。金融中介机构，如银行从愿意收取无即时用途资金利息的单位吸收存款，继而将这些存款贷给需要这些资金的单位。在这一过程中，银行为两方都提供了服务，但对双方收取和支付的利息不同。这两种利息的差是银行从贷款者和存款者那里收取的混合隐性服务费。适应这一基本思想，"参考利率"应运而生。银行支付给存款者的利率与参考利率之间的差异加上收取的贷款者的利率与参考利率之间的差异即为金融中介机构收取的间接测算的金融中介服务费，即 FISIM。FISIM 通常是指金融中介机构（Financial Intermediaries，FIs）的存贷款业务服务，因为，FIs 能够用来影响利率的工具只有存款和贷款，其他金融工具不涉及 FIs。

参考利率是 FISIM 计算的关键因素之一。2008 年 SNA 关于参考利率在 6.616 段中这样描述："参考利率被用于计算 SNA 利息，它是一种介于银行存贷款利率之间的利率。然而，因为存款和贷款水平，不可能完全相等，因而，它不能简单地用存款或者贷款的平均利率来表示。参考利率应当不包含任何服务因素并且能够反映存款和贷款的风险和期限结构。通常，银行间的同业拆借利率是参考利率的一个合适选择。但是，存贷款决定的货币种类有些情况下可能会不同，这样就需要不同的参考利率，特别是当有非常住单位参与时。对于同一经济体内，银行间的借入和贷出资金服务还是少有的。"

2008 年 SNA 虽然给出了参考利率的大致描述，但并没有做出详尽解释。关于合适的参考利率的选择争论由来已久。自 2008 年 SNA 颁布以来，各个国家纷纷采用不同的方法计算检验参考利率。

2010 年 ESA 的第十四章、《国际收支和国际投资头寸手册（BPM6）》的第十章和《国民账户体系中金融生产、流量与存量手册（2015）》在关于 FISIM 的界定、参考利率的定义等方面与 2008 年 SNA 保持一致。在参考利率及 FISIM 部门分摊方面，2010 年 ESA 推荐了内部参考利率和外部参考利率确定方法，以及用于住户部门中间使用的 FISIM 和最终使用的 FISIM 的具体核算方法。

6.2.2 使用者成本理论

FIs 的工作机制是在资金闲置单位与资金紧缺单位之间搭建桥梁，通过这一机制，把资金闲置单位的资金贷给资金紧缺的单位。在这一过程中，FIs 分别为这两个单位提供了服务，因而要收取相应的费用。一般地，FIs 支付给资金闲置单位的利率要低于收取的资金紧缺单位的利率，两者之差包含了 FIs 为这两个单位提供服务而收取的服务费。为了分别计算这两个单位支付的服务费多少，就必须将总的 FISIM 分解为存款 FISIM 与贷款 FISIM 之和。D. Hancock（1985）指出，参考利率方法的理论依据是使用者成本理论，该理论根据金融产品对其收入的净贡献来确定金融产品是投入还是产出。如果某项资产的财务回报高于该资产的机会成本，或者，如果某项负债的财务成本低于机会成本，则视为产出；反之则视为投入。1993 年 SNA 首次使用参考利率来分解 FISIM。虽然在 SNA 的系列版本

中，未正式详尽解释参考利率的理论基础是使用者成本理论，但是 1993 年 SNA
已经提到可以采用使用者成本测算非生产资产——货币类型资产存量的变化。使
用者成本是 Jorgenson（1967）测算资本服务时使用的概念。1993 年 SNA 关于使
用者成本是这样描述的：所谓的使用者成本（User Cost, UC）是机构单位提取
的部分净租金数额，这部分净租金应满足，若将它用于再投资产生的连续收益等
于非生产资产损耗而失去的创收能力。[①] 在完全竞争市场中，经济利润等于 0，
固定资产的租金价格（UC_t）必须等于起始价格（P_t）与到期租金价格的贴现价
格（$P_t + 1/(1 + RR)$）之差，其中 RR（Reference Rate, RR）为参考利率。若资
产的持有损益率为 π_t，固定资产折旧率为 δ_t，使用者成本如式（6 - 1）所示。如
果租金期末支付，则使用者成本如式（6 - 2）所示。这里的参考利率是投资固
定资产的机会成本。使用固定资产支付的服务费就等于使用者成本。账户记录形
式如表 6 - 1 所示。

$$UC_t = P_t - P_{t+1}/(1 + RR) = P_t(RR - \pi_t + \delta_t)/(1 + RR) \qquad (6-1)$$

$$UC_t = P_t(RR - \pi_t + \delta_t) \qquad (6-2)$$

表 6 - 1　固定资产使用价值角度记录的固定资产租金价格

来源	使用
固定资产初始价值 P_t	固定资产的租金 UC_t $UC_t = P_t - P_{t+1}/(1 + RR) = P_t(RR - \pi_t + \delta_t)/(1 + RR)$
到期固定资产价值的贴现值 $P_{t+1}/(1 + RR)$	

　　将固定资产使用者成本测算服务费的方法扩展到金融资产上，记金融资产收
益率为 R_A，t 时期资产的即时现金价值为 A_t，以预期价格售卖资产的现价为
A_{t+1}，则使用者成本如式（6 - 3）所示。在实际中，利息流发生在整年内，而且
对于金融资产，通常不需要使用一年内不同时点资产价格在期初的贴现值，故金
融资产使用者成本的另一种表示如式（6 - 4）所示。这个使用者成本是从贷款
人的角度考虑的，若以 FIs 立场考虑，提供服务的服务费如式（6 - 5）所示。同

---

①　引自 *System of National Accounts* 1993 中第 646。

理，对于金融负债，从 FIs 角度，使用者成本如式（6-6）所示，其中，R_D 为支付的金融负债收益率。将使用者成本的表达式转化为国民账户的形式，如表 6-3 所示。$R_D - RR$ 部分是提供服务的服务费收入，与生产活动相关，应记入生产账户，π_t 表示的是持有损益变化成本，应记入资产物量其他变化账户。以贷款为例，国际货币基金组织《生产者价格编制手册》（2004），认为持有损益 π_t 的计算不包括贷款人信用风险重估的"减记"价值。"减记"价值与交换风险而产生的持有损益不一样，不能作为与贷款资产反向登录的负债计入 FIs 资产负债表中，它不是直接的受损资产的市价的下降。"减记"价值增加了与贷款资产账面价值对应的负债记录，应记录到资产物量其他变化账户中，而不是重估价账户。由表 6-3 可知，生产账户记录的总产出即 FISIM。

$$UC_{At} = A_t(RR - \pi_t - R_A)/(1 + RR) \qquad (6-3)$$

$$UC_{At} = RR - \pi_t - R_A \qquad (6-4)$$

$$-UC_{At} = R_A - RR + \pi_t \qquad (6-5)$$

$$UC_{Dt} = RR - R_D - \pi_t \qquad (6-6)$$

表 6-2　FIs 持有的存款的使用者成本计算

使用/资产变化	来源/负债变化
存款的使用者成本（-）UC_{Dt} $UC_{Dt} = RR - \pi_t - R_D$	第 t 时刻的存款价值 D_t
	第 $t+1$ 时刻的存款价值 D_{t+1}

表 6-3　使用者成本分解

UC_t	服务费（生产活动）		持有损益变化	
存款的 $UC_{Dt}=$	$RR - R_D$		$-\pi t$	
贷款的 $-UC_{At}=$	$R_A - RR$		$+\pi t$	
	生产账户		资产物量其他变化价账户	
账户	使用	来源	资产变化	负债变化
	中间消耗	总产出 $(R_A - RR)A + (RR - R_D)D$	$-\pi_t A$	$+\pi_t D$
	增加值			

将表6-3进一步整理为国民账户中的流量账户的形式，如表6-4所示。

表6-4　FIs角度的使用者成本分解

账户		存款的 UC_{Dt}		贷款的 UC_{At}		存款和贷款成本	
		使用	来源	使用	来源	使用	来源
经济交易流量	服务产出—生产账户		$RR - R_D$		$R_A - RR$	中间消耗增加值	总产出$(R_A - RR)$ $A + (RR - R_D)D$
非交易流量	持有损益—资产其他变化账户		$+\pi_t$	$+\pi_t$		$+\pi_t A$	$+\pi_t D$

总之，在国际权威标准方面，为了克服由于存贷款资金成本和银行提供的服务而引起的差额部分的分解困难，1993年SNA、2008年SNA和1995年ESA、2010年ESA一致建议使用参考利率来表示使用者成本。这是大多数发达经济体目前使用的方法，但各国在实际应用方面有所不同。

6.2.3　现价FISIM的计算

2008年SNA规定，FISIM的核算主体包括中央银行（部门代码S121）；中央银行以外的存款性公司（部门代码S122）；保险公司和养老基金以外的其他FIs（部门代码S125）。其中，中央银行的服务有一部分是金融中介服务。核算的客体仅限于存款（金融资产代码AF2）和贷款（金融资产代码AF4）服务，且贷款由FIs提供，存款存入FIs，包括自有资金贷款。关于计算方法，2008SNA推荐使用参考利率法计算FISIM。总的FISIM是贷款FISIM和存款FISIM之和，如式（6-7）所示。贷款FISIM为贷款利率与参考利率之差乘以平均贷款余额，如式（6-8）所示，存款FISIM为参考利率与存款利率之差乘以平均存款余额，如式（6-9）所示，即

$$FISIM = 贷款FISIM + 存款FISIM \tag{6-7}$$

$$贷款FISIM = (贷款利率 - 参考利率) \times 平均贷款余额 \tag{6-8}$$

存款 FISIM =（参考利率 − 存款利率）× 平均存款余额 (6 – 9)

以 A_i 表示第 i 种类型贷款平均贷款余额，D_i 表示第 i 种存款的平均贷款余额，p_{Ai} 表示第 i 种类型贷款的服务价格，p_{Di} 表示第 i 种存款的服务价格。RR 表示参考利率，r_{Ai} 表示 FIs 收到第 i 种类型贷款的利率，r_{Di} 表示 FIs 支付给第 i 种存款的利率。则 FISIM 计算可表示为式（6 – 10）至式（6 – 12）：

$$p_{Ai} = r_{Ai} - RR \qquad\qquad (6 - 10)$$

$$p_{Di} = RR - r_{Di} \qquad\qquad (6 - 11)$$

$$\text{FISIM} = \text{FISIM}_D + \text{FISIM}_A = \sum_{i=1}^{n} p_{Ai} \cdot A_i + \sum_{i=1}^{n} p_{Di} \cdot D_i \qquad\qquad (6 - 12)$$

FISIM 总量核算的关键在于参考利率的确定，不同的参考利率诠释着 FISIM 核算的客体范围。参考利率实质上是一种资金使用机会成本。关于参考利率的选择国际标准和各国学者等有大量的研究。《美国服务业生产者价格指数编制指导手册（2006）》认为，参考利率是最大限度剔除风险溢价且不包括任何中介服务费用的货币的机会成本。在存贷款定价中使用的同一参考利率即美国所有银行持有的国库券利率的加权平均数，他们认为，使用两个不同的利率可能导致重复计算，会夸大价格变化或者导致产出价格的一部分可能被丢失，从而低估价格运动变化。Kim Zieschang（2011）认为，参考利率应该考虑覆盖所有的资产和负债包括自有资本，应该是反映所有资产和负债个体参考利率的加权平均数。金融企业以资产组合的形式拥有大量的金融资产或者吸收存款来维持其运营。Kim 以 2008年 SNA 关于金融资产的分类代码为标准，根据收入等于支出原理和产出等于投入成本的原理，得出了包含所有金融资产和金融负债个体参考利率的加权平均参考利率。参照各国在实践过程中的经验，比较常用的有三种方法：一是可选银行间同业拆借利率作为参考利率，这种参考利率一般适用于利率完全市场化的国家，并且同业拆借利率通常是一种无风险利率。二是选用存贷款加权利率作为参考利率，等于存贷款利息之和除以平均存贷款余额之和。这种参考利率显然考虑了存贷款权重对参考利率的影响。三是单一的存贷款利率，等于存款利息与平均存款余额之比和贷款利息与平均贷款余额之比的简单算术平均数。后两种参考利率的计算，用公式表示，如式（6 – 13）和式（6 – 14）所示：

$$rr_w = \frac{r_L \times L + r_D \times D}{L + D} \tag{6-13}$$

$$rr_s = \frac{1}{2}\left(\frac{r_L}{L} + \frac{r_D}{D}\right) \tag{6-14}$$

其中，rr_w 为加权平均利率，rr_s 为单一的存贷款利率，r_L 为贷款利率，r_D 为存款利率，L 为平均贷款余额，D 为平均存款余额。

6.3 可比价 FISIM 的计算方法

FISIM 物量核算与普通产品的物量核算有着本质的区别，在于一般产品的物量核算，产品数量本身不受货币因素影响，而 FISIM 因其涉及的是存款和贷款，而存款额和贷款额本身有实际数值和名义数值之分，故而 FISIM 缩减过程中都必须把名义平均存款额和平均贷款额通过相应的缩减指数缩减为实际平均存款额和平均贷款额。通常缩减平均存贷款额采用的为价格总指数，如 GDP 缩减指数（不包括 FISIM）、国内最终需求指数（不包括 FISIM）、CPI 指数。

6.3.1 国际标准及联合国国民经济核算工作组的核算方法

1968 年 SNA 和 1993 年 SNA 没有提及可比价 FISIM 的核算。2008 年 SNA 指出，要得到实际的间接测算的金融中介服务（FISIM），需要将参考利率和银行利率与用基年价格指数缩减的贷款和存款结合起来考虑。1995 年《欧洲国民经济账户体系》（ESA），提及可比价 FISIM 的计算。2010 年 ESA 关于 FISIM 物量核算，采用基年的价格总指数（如国内最终需求隐性价格指数），缩减存贷款余额。FISIM 的价格包括两个因素：一是银行利率与参考利率的差额，它代表 FIs 得到的利润；二是价格缩减指数。贷款 FISIM 的物量 = 贷款额/物价缩减指数 ×

银行贷款利率与参考利率的基年差额；存款 FISIM 的物量 = 存款额/物价缩减指数 × 参考利率与银行存款利率的基年差额。

以上 FISIM 物量核算采用价格总指数间接缩减，如果能得到关于 FISIM 的价格指数，则效果可能会更好。联合国国民经济核算工作组（ISWGNA）2011 年认为存款和贷款具有不同的价格，需要分别缩减现价的 FISIM，为此，提出两种 FISIM 物量核算的方法，一是链式 Fisher 价格指数法；二是单位价值指数法，又称 Drobisch 价格指数法。[①]

FISIM 链式 Fisher 价格指数法的基本思想是，通过价格总指数之比分别消除存款平均余额和贷款平均余额的价格因素影响，分别计算存款服务和贷款服务各自对应的拉氏和派氏价格指数，以得到存款服务和贷款服务的 Fisher 价格指数。

如前所述，存款贷款的使用者成本就是存贷款的服务费价格。记 A_i^t 表示第 i 种类型贷款在第 t 期的平均贷款余额，D_i^t 表示第 i 种存款在第 t 期的平均贷款余额，p_{Ai}^t 表示第 i 种类型贷款在第 t 期的服务价格，p_{Di}^t 表示第 i 种存款在第 t 期的服务价格。RR^t 表示 t 时期的参考利率，r_{Ai}^t 表示 t 时期 FIs 收到第 i 种类型贷款的利率，r_{Di}^t 表示 t 时期 FIs 支付给第 i 种存款的利率。则 FISIM 的计算公式如式（6 – 15）至式（6 – 17）所示。

$$p_{Ai}^t = r_{Ai}^t - RR^t \qquad\qquad (6-15)$$

$$p_{Di}^t = RR^t - r_{Di}^t \qquad\qquad (6-16)$$

$$\text{FISIM} = \text{FISIM}_D^t + \text{FISIM}_A^t = \sum_{i=1}^{n} p_{Ai}^t \cdot A_i^t + \sum_{i=1}^{n} p_{Di}^t \cdot D_i^t \qquad (6-17)$$

以上标"1"表示报告期，以上标"0"表示基期。要得到链式 Fisher 指数，首先需要计算存款和贷款服务价格的拉氏指数（L）和派氏指数（P），如式（6 – 18）至式（6 – 21）所示：

$$L_D = P^{GDPU} \cdot \sum_{i=1}^{n} p_{Di}^1 \cdot D_i^0 \Big/ \sum_{i=1}^{n} p_{Di}^0 \cdot D_i^0 \qquad (6-18)$$

① 参见 Balk, Bert M. Price and Quantity Index Numbers, Models for Measuring Aggregate Change and Difference, Cambridge University Press, 2008.

$$P_D = P^{GDPU} \cdot \sum_{i=1}^{n} p_{Di}^1 \cdot D_i^1 \Big/ \sum_{i=1}^{n} p_{Di}^0 \cdot D_i^1 \qquad (6-19)$$

$$L_A = P^{GDPU} \cdot \sum_{i=1}^{n} p_{Ai}^1 \cdot A_i^0 \Big/ \sum_{i=1}^{n} p_{Ai}^0 \cdot A_i^0 \qquad (6-20)$$

$$P_A = P^{GDPU} \cdot \sum_{i=1}^{n} p_{Ai}^1 \cdot A_i^1 \Big/ \sum_{i=1}^{n} p_{Ai}^0 \cdot A_i^1 \qquad (6-21)$$

P^{GDPU}为报告期价格总指数与基期价格总指数之比，且这两个价格总指数计算选取的基准年相同。这里的 GDP 价格总指数也可以用 CPI 指数替代，荷兰统计局在实践中通常选用 CPI 指数计算，如式（6-22）所示，即 Drobisch 价格指数法。

$$P^{CPIU} = CPI_1 / CPI_0 \qquad (6-22)$$

存贷款服务价格的 Fisher 价格指数及可比价 FISIM，如式（6-23）至式（6-25）所示：

$$P_D^F = \sqrt{L_D \times P_D} \qquad (6-23)$$

$$P_A^F = \sqrt{L_A \times P_A} \qquad (6-24)$$

可比 $FISIM = FISIM_D^t / P_D^F + FISIM_A^t / P_A^F \qquad (6-25)$

单位价值指数法的基本思想是，把贷款 FISIM 总和（存款 FISIM 总和）与经价格指数缩减后的平均贷款余额（经价格指数缩减后的平均存款余额）之比，称为单位产出价值。将单位价值的报告期值与基期值之比作为贷款 FISIM 和存款 FISIM 的价格指数。具体计算如式（6-26）至式（6-28）所示：

$$P_A^U = P^{GDPU} \cdot \Big(\sum_{i=1}^{n} p_{Ai}^1 A_i^1 \Big/ \sum_{i=1}^{n} A_i^1 \Big) \Big/ \Big(\sum_{i=1}^{n} p_{Ai}^0 A_i^0 \Big/ \sum_{i=1}^{n} A_i^0 \Big) \qquad (6-26)$$

$$P_D^U = P^{GDPU} \cdot \Big(\sum_{i=1}^{n} p_{Di}^1 D_i^1 \Big/ \sum_{i=1}^{n} D_i^1 \Big) \Big/ \Big(\sum_{i=1}^{n} p_{Di}^0 D_i^0 \Big/ \sum_{i=1}^{n} D_i^0 \Big) \qquad (6-27)$$

可比价 $FISIM = FISIM_D^t / P_D^U + FISIM_A^t / P_A^U \qquad (6-28)$

单位价值指数法是一种比较详细的价格指数，它将存款和贷款结合起来考虑，构造了单位价值指数。贷款和存款的结构发生变化，就会改变单位价值，进而会改变利率的结构。

比较 Fisher 价格指数法和单位价值指数法可以看出，前者是对存款和贷款的每种类型分别进行价格指数缩减。这在理论上要优于简单地将所有不同类型不同使用者成本的存款和贷款汇总缩减。后者是用单位货币余额的产出价值比对价格总指数进行调整。荷兰的实践经验表明，这种方法比较适用于贷款和长期存款。

6.3.2　存量缩减法

存量缩减法是 2008 年 SNA 和 2010 年 ESA 推荐使用的方法。它的基本原理是，用价格总指数缩减报告期平均存贷款余额，以缩减后的平均存贷款余额乘以基期的利差，得到可比价 FISIM。这种方法的关键在于必须是经价格指数缩减之后的平均存贷款余额，主要是为了剔除存贷款余额的价格影响因素，即将平均存贷款余额转换为类似于普通产品的纯粹物量。采用存量缩减法的国家有荷兰等，主要用于贷款和长期存款的可比价 FISIM 计算。

报告期平均贷款余额的缩减值为 L^1/P^{GDP}，基期利差为 $r_L^0 - rr^0$，则贷款的可比价 FISIM 的计算如式（6-29）所示。同样的方法，存款的可比价 FISIM 的计算如式（6-30）所示。可比价 FISIM 的计算如式（6-31）所示。

$$\text{FISIM}_L = \frac{L^1}{P^{GDP}}(r_L^0 - rr^0) \tag{6-29}$$

$$\text{FISIM}_D = \frac{D^1}{P^{GDP}}(r_D^0 - rr^0) \tag{6-30}$$

可比价的 $\text{FISIM} = \text{FISIM}_D + \text{FISIM}_L$ $\tag{6-31}$

这种方法实质是一种基年价格估计法，存贷款额的变动是影响 FISIM 总量变动的主要原因之一，采用经过缩减的存贷款变动率作为 FISIM 物量指数的替代，这种方法简单且易于计算，但缺点是，没有考虑基准年的价格结构，通常使用若干年后，基年的价格结构需要更新调整，故基年价格适用的时间较短。

6.3.3　产出指数法

产出指数法给出了 FIs 不同活动的产出指数。《国民账户价格和物量指数手册》强调，商业市场和消费市场存在重要的差别，必须由不同的产出指数进行缩减。例如在荷兰，住户和为住户服务的非营利机构使用不同的产出指数。荷兰对于短期存款主要采用产出指数法缩减。产出指数法使用的是存款支付交易的数量。

每种交易的支付交易的数量作为权重乘以支付交易的数量。报告期加权支付交易的数量总和除以相应基期的量得到短期存款的数量增长率。短期存款的物量指数计算公式如式（6-32）所示。

$$Q_A^S = \sum_{i=1}^{I} w_i T_i^1 \Big/ \sum_{i=1}^{I} w_i T_i^0 \qquad (6-32)$$

其中，i 表示交易的类型，w_i 为权重，T_i 为第 i 种交易的数量，1 表示报告期，0 表示基期。与物量指数相对应的短期存款的价格指数，如式（6-33）所示。

$$P_A = \frac{\sum_{n=1}^{N} p_{An}^1 A^1 \Big/ \sum_{n=1}^{N} p_{An}^0 A^0}{Q_A^S} \qquad (6-33)$$

可比价 FISIM 如式（6-34）所示。

$$可比价\ \text{FISIM}_D = \frac{\text{FISIM}_D^1}{P^A} \qquad (6-34)$$

6.3.4 使用者成本价格指数法

使用者成本价格指数法，是美国劳工统计局（Bureau of Labor Statistics，BLS）使用的另外一种产出指数法，它是直接从存贷款服务的使用者成本价格出发计算的一种指数。实质是一种加权平均指数，其拉氏和派氏指数表示如式（6-35）至式（6-38）所示：

拉氏存款 FISIM 的使用者成本价格指数：

$$D_{t+1}^{Lasp} = \frac{P_{t+1}^*}{P_t^*} \frac{1}{D_t} \sum_i D_{it} \frac{p_{it+1}^D}{p_{it}^D} \qquad (6-35)$$

拉氏贷款 FIISM 的使用者成本价格指数：

$$L_{t+1}^{Lasp} = \frac{P_{t+1}^*}{P_t^*} \frac{1}{L_t} \sum_i L_{it} \frac{p_{it+1}^L}{p_{it}^L} \qquad (6-36)$$

派氏存款 FISIM 的使用者成本价格指数:

$$D_{t+1}^{Paasche} = \frac{P_{t+1}^*}{P_t^*} \frac{D_{t+1}}{\sum_i D_{it+1} \frac{p_{it}^D}{p_{it+1}^D}} \qquad (6-37)$$

派氏贷款 FIISM 的使用者成本价格指数:

$$L_{t+1}^{Paasche} = \frac{P_{t+1}^*}{P_t^*} \frac{L_{t+1}}{\sum_i L_{it+1} \frac{p_{it}^L}{p_{it+1}^L}} \qquad (6-38)$$

其中, i 为存款服务的类型, D_t 为存款服务, L_t 为贷款服务, p_{it}^D、p_{it}^L 分别为第 t 期存款服务、贷款服务的使用者成本价格, P_t^* 为第 t 期的总价格指数。可见, 使用者成本价格指数的实质是存款、贷款服务的使用者成本价格的加权算术和加权调和平均数。与前面几种价格指数类似, 使用者成本价格指数公式中也包括一项 $\frac{P_{t+1}^*}{P_t^*}$, 为存款和贷款第 t 期的货币购买力, 即把货币余额转换为以 $t+1$ 期货币额表示的 t 期货币的购买力。

这种方法与产出指数法有一定的类似之处, 可以看成是产出指数的一种变形, 主要适用于存贷款使用者成本的个体指数比较容易计算的情况。

6.3.5　Inklaar 和 Wang 方法 (IW 方法)

Inklaar 和 Wang (2011) 测算银行产出时提出的一种方法, 简称为 IW 方法。它是一种考虑质量调整的价格指数方法。这里的质量调整是指, 产出指数构成的变化。这种方法的基本原理是, 选择产出指标, 计算商业和工业贷款、不动产贷款、存款等服务的物量指数, 进而得到相应的可比价 FISIM, 它属于物量外推法。

对于商业和工业贷款服务, 贷款服务的总增长按不同类别的加权平均增长计算, 即物量指数, 如式 (6-39) 所示。其中, L 为第 i 种类别贷款的数量, $\overline{w}_i$ 为商业和工业贷款中第 i 种类型的贷款服务在总的 FISIM 中所占的份额, 如式

（6-40）至式（6-41）所示。

$$Q_A^{IW} = \sum_{i=1}^{I} \bar{w}_i \frac{L_i^1}{L_i^0} \tag{6-39}$$

$$\bar{w}_i = 0.5(w_i^1 + w_i^0) \tag{6-40}$$

$$w_i^t = \frac{p_{Ai}^t q_{Ai}^t}{p_A^t q_A^t} \tag{6-41}$$

对于不动产贷款服务，用到的产出指标是缩减后的货币余额。抵押贷款数量和余额之间的关系可表示为式（6-42），m 为抵押贷款数量的增长，包括已有贷款和新生贷款，b 为贷款余额的增长，通常用房价指数 p 去缩减。不动产贷款的 FISIM 物量指数如式（6-43）所示，其中，$1_N = (1, \cdots, 1)$，PEH 为现存房屋的价格指数。

$$m^t = b^t - p^t \tag{6-42}$$

$$Q_A^{IW} = \frac{1}{PEH} \frac{1_N \cdot q_A^1}{1_N \cdot q_A^0} \tag{6-43}$$

对于存款服务，选用支付交易的数量作为产出指标，并且第一种假定，假定每种类型存款交易的权重相同；第二种假定，假定每种类型存款的权重为其在总交易值中的份额，假定顾客愿意为每笔交易的支付金额与交易数量成正比。存款的 FISIM 物量指数的计算如式（6-44）所示，T 为支付的交易数量，w_i 采用第一种假定或者第二种假定计算。

$$Q_D^{IW} = \frac{\sum_{i=1}^{I} w_i T_i^1}{\sum_{i=1}^{I} w_i T_i^0} \tag{6-44}$$

相比于前几种方法来说，这种方法是一种通过物量指数的方法去推得可比价的 FISIM，并且它从产出指数的构成角度考虑指数的质量调整问题。

6.3.6　现价比例法

美国是这种方法的主要使用者，最初是在 1999 年使用这种方法。它的基本原理是，假定美国银行业总产出的增长率与美国劳工统计局（BLS）统计的银行业产出增长率相同，故用美国劳工统计局公布的产出物量指数去调整现价总产出，以得到可比价总产出，进而利用可比价存款（贷款）服务占可比价总产出的比例与现价存款（贷款）服务占现价总产出比例相等的原理，得到可比价存款（贷款）的 FISIM。

记 T_t^Q 为 BLS 的银行业产出物量指数，T_0^N 为基期的现价总产出，T_t^K 为报告期可比价总产出，如式（6-45）所示。T_t^{XK} 为可比价计算的显性总产出，T_t^{MK} 为可比价计算的 FISIM，如式（6-46）所示。D_t^{MK} 为 t 期存款的 FISIM，D_t^{MN} 为 t 期现价存款的 FISIM，B_t^{MK} 为 t 期贷款的 FISIM，B_t^{MN} 为 t 期现价贷款的 FISIM。按照比例假定，可比价存款 FISIM，如式（6-47）所示，可比价贷款 FISIM，如式（6-48）所示。

$$T_t^K = T_t^Q \times T_0^N \tag{6-45}$$

$$T_t^{MK} = T_t^K - T_t^{XK} \tag{6-46}$$

$$D_t^{MK} = T_t^{MK} \left\{ D_t^{MN} / \left(D_t^{MN} + B_t^{MN} \right) \right\} \tag{6-47}$$

$$B_t^{MK} = T_t^{MK} \left\{ B_t^{MN} / \left(D_t^{MN} + B_t^{MN} \right) \right\} \tag{6-48}$$

这种方法与其他几种方法的明显区别在于，可比价 FISIM 的计算与存贷款服务的使用者成本价格并无直接的关系，缺少存贷款 FISIM 的价格缩减指数，它的关键在于产出物量指数的确定。

6.4　部分国家可比价 FISIM 核算实践

6.4.1　部分国家可比价 FISIM 核算

美国采用三种方法缩减 FISIM，一是总产出指数法；二是分别对存贷款服务使用各自的产出指数；三是使用者成本价格指数法。第一种方法的缺点在于，缺少关于存贷款服务各自的缩减指数，存贷款服务选用相同的缩减指数，就会造成名义增长速度直接转换为不同的实际增长率，而忽略了这些差异的来源。日本采用存量缩减法缩减 FISIM，缩减指数使用国内最终需求指数。OECD（经济合作与发展组织）国家在实施 1993 年 SNA 时，可比价 FISIM 的计算采用价格指数缩减的方法，在没有合适的 FISIM 价格指数的条件下，选用 GDP 价格指数作为缩减指数。泰国的可比价格 FISIM 计算，采用单一和多重缩减因子两种方法。它们分别是 GDP 缩减因子，贷款 PPI 和存款 CPI 缩减因子，以及生产部门贷款 PPI 和其他部门的贷款和存款的 CPI 作为相应的缩减因子。马来西亚采用双缩减法计算可比价间接测算的金融服务增加值，可比价 FISIM 采用 CPI 总指数缩减，中间消耗采用相应的各种指数进行缩减。

新加坡在 2008 年 SNA 颁布之前采用 GDP 价格指数缩减名义 FISIM 产出。摩尔多瓦共和国的可比价 FISIM 计算按照 2008 年 SNA 推荐执行，采用前一年的消费者价格指数，缩减以本币和外币计量的名义存款和贷款额。开曼群岛采用物量指数缩减名义 FISIM 得到可比价 FISIM。开曼群岛的 FISIM 是由利息收入减去利息支出而得到的。通过 CPI 总指数对现价存款和贷款平均余额进行缩减，加权平均利率用于推导出隐含的利息收入和费用。后者从前者中扣除即得到了隐式 FISIM。这个隐式 FISIM 用于构造计算基准年可比价 FISIM 的物量指数。英国采用两种方法计算可比价 FISIM，一种是详细的产出指数法，产出包含全部参与 FISIM 的活动，可能的指标是银行账户的数量，贷款和存款的数量和价值、支票处理，等等；另一种是存量缩减法，通过缩减存款和贷款余额得到，通常选用 GDP 缩减指数。哥伦比亚、赞比亚等国采用存量缩减法计算可比价 FISIM，选用 GDP 缩减指数。

可见，可比价 FISIM 的计算，平均存款和贷款余额缩减指数，多数国家选用 GDP 价格指数之比的形式；对于利差的缩减，大多数国家采用的是存量缩减法。荷兰在短期存款方面，采用的是产出指数缩减的方法。由于不同的存款或者贷款有不同的利差，因而会产生不同的价格。因此，最理想的方法应该是不同类型的存款或者贷款必须分别缩减。这样，会使得直接服务费的增长速度与 FISIM 的增长速度更加接近。

6.4.2　美国 FISIM 生产者价格指数编制

美国《服务业生产者价格指数编制指导手册（2006）》指出，对行业产出的核算要与 SNA 中的产出定义保持一致。这样有利于同国民经济核算数据相互验证。同样，在对金融服务生产者价格指数的产出核算问题上，美国服务生产者价格指数项目组采用 2008 年 SNA 中间接测算的金融中介服务产出方法。美国计算间接测算的金融服务生产者价格指数，编制如下。

指数范围方面，分为三方面。首先，账户划分。将银行金融服务账户划分为抵押贷款账户、农业贷款账户、商业贷款账户、消费者和其他贷款服务账户、存款账户、信托服务账户和其他银行服务账户。其次，标准化服务。在一些情况下，账户组是同质的，无须再选出样本账户。例如，对于存贷款，一个同质账户组就可以代表一种类型的服务，如所有 15 年固定利率的住宅抵押贷款或所有一年期的信用证存款。但对于信托和其他银行服务则要通过选择样本交易追踪这类服务的成本。最后，确定金融服务的特征。主要包括：服务类型，例如抵押贷款、储蓄账户、信托服务；服务期限，例如 15 年贷款、5 年信用证存款；费用类型，例如逾期付款，自动取款机，提前支取罚金。

权重的选择方面，常用金融服务产出作为权重。金融资产和负债服务价格的权重计算如式（6－49）和式（6－50）所示。

$$w_i^t = \frac{p_i^t A_i^t}{\sum_i p_i^t A_i^t + \sum_j p_j^t L_j^t} \tag{6-49}$$

$$w_i^t = \frac{p_i^t L_i^t}{\sum_i p_i^t A_i^t + \sum_j p_j^t L_j^t} \tag{6-50}$$

在抽样设计方面，样本分为两层：小银行和大银行。对于小银行，其样本单元为银行总部。这种情况是指一个样本单元既作为银行总部又作为银行的分支机构。这种情况适用于农村小银行，同样也适用于与银行的总部位于同一栋楼的银行的持股公司。小银行作为整体采样，即银行的所有产出有一个选择机会。对于大银行，通过部门进行抽样。这些部门与美国劳工统计局规定的部门一致，也即它们不是样本单位的实际部门结构。美国劳工统计局关于大银行有 7 个部门名称，分别为抵押贷款部门、农业贷款部门、商业贷款部门、消费者和其他贷款服务部门、零售存款部门、信托服务部门和其他银行服务部门。只有样本部门的产出才有选择资格。

银行部门使用的抽样框是联邦存款保险公司提供的文件。这个文件提供了广泛的商业银行和储蓄机构清单及每个实体的收入。但这个文件没有提供需要采样的大银行的部门数据，因此，这些大银行内部各部门的抽样是等概率抽样。确定抽样框和权重后，对代表性服务价格进行两阶段抽样调查。第一阶段抽样是与收入成比例的概率抽样；第二阶段抽样是在样本的前一半中按美国劳工统计局定义的每一个银行的部门中进行选择，在大多数情况下，单个银行中会有多个样本单元，需要定价的服务事先抽取。对于存贷款来说，标准化服务的定价由同质账户组决定；信托或其他服务由选中的样本交易来定价。

6.5　对中国可比价 FISIM 核算的启示

关于 FISIM 的核算方法，2016 年中国国民经济核算体系这样描述[①]：

金融业总产出的核算方法较为复杂，主要分为以下几种情况：货币金融服务企业总产出等于间接计算的金融中介服务（FISIM）产出加上直接收费的金融服务产出。其中，FISIM 产出采用参考利率法计算。中央银行从事的市场性货币金融服务，总产出也按此方法计算。

间接计算的金融中介服务（FISIM）产出：指金融机构从事存款活动从存款者获得的间接收入，与金融机构从事贷款活动从借款者获得的间接收入之和。

2016 年中国国民经济核算体系采用了与 2008 年 SNA 一致的方法计算间接计

---

① 引自《中国国民经济核算体系（2016）》，中华人民共和国国家统计局，2017 年 7 月。

算的金融中介服务（FISIM）产出。2008 年 SNA 改进了 1993 年 SNA 的方法，建议用参考利率法计算 FISIM 产出，核算范围是金融机构的所有贷款和存款。2002 年核算体系用利息收支差扣除自有资金获得的利息收入计算 FISIM 产出，核算范围只包括银行的贷款和存款。

6.5.1　现价 FISIM 的计算

关于现价 FISIM 的核算。中国还没有采用参考利率法计算。关于参考利率的选择问题，中国目前利率尚未完全市场化，2007 年 1 月上海银行间同业拆借利率正式运行。此外，中国自 2002 年以来 FIs 的存贷款差额呈现不断扩大趋势，并且商业银行也存在贷款违约风险等风险问题，故选择银行间同业拆借利率作为参考利率与实际有些不符。按照 2008 年 SNA 的建议，参考利率应不包含任何服务因素，并且考虑风险因素。根据各国实践的经验，参考利率可选用如前所述的公式式（3-2）进行计算。

6.5.2　可比价 FISIM 的计算

中国目前没有专门的 FISIM 价格缩减指数，更没有分别关于存贷款 FISIM 的缩减指数。由于无法获得理想的 FISIM 产出缩减指数，因而假定 FISIM 的价格变动与整个国民经济的一般价格水平变动基本一致，采用以居民消费价格指数与固定资产投资价格指数的加权平均指数作为缩减指数，对现价 FISIM 总产出和增加值进行缩减的单缩减法。其中，权重为居民消费和固定资本形成总额占两者之和的比重，如式（6-51）至式（6-52）所示，可比价 FISIM 如式（6-53）所示。根据费雪效应，利率与物价呈正相关关系，中国在很长一段时间内实行的是利率管制政策，利率对物价有重要的影响作用，因而采用居民消费价格指数与固定资产投资价格指数的加权平均指数作为缩减指数，有其合理性。但随着中国利率的市场化，FISIM 的价格变动与整个国民经济一般价格水平变动可能不一致，而且从各国经验来看，很大程度上这二者应该不一致。

$$w_1 = \frac{C}{C+K}, \quad w_2 = \frac{K}{C+K} \tag{6-51}$$

$$P^{FISIM} = w_1 \times CPI + w_2 \times FPI \tag{6-52}$$

$$可比价 FISIM = \frac{现价\ FISIM^t}{P^{FISIM}} \tag{6-53}$$

根据 2008 年 SNA 的建议，可比价 FISIM 产出可采用经过缩减的存贷款变动率对基年现价 FISIM 产出外推获得。2010 年 ESA 基本也采用这样的方法核算。原因在于平均存贷款额的变动是 FISIM 变动的重要原因之一。采用存量缩减的方法得到可比价 FISIM，相比中国目前 FISIM 的可比价计算法，前者更能反映实际，且相比其他几种可比价 FISIM 计算方法操作要简单，数据需求量小。因此，可参考 2008 年 SNA 及其他国家的实践经验计算中国的可比价 FISIM，即用一般价格指数（如 GDP 缩减指数或者 CPI 缩减指数）缩减银行业 FIs 存贷款的存量变动率，用得到的物量指数对基年现价 FISIM 进行物量外推，从而得到可比价 FISIM。此外，除了存量缩减法之外，还有前述介绍的几种可比价 FISIM 计算方法，但这几种计算方法操作都较为复杂，多数涉及存贷款服务的价格指数编制问题，而中国目前关于金融业方面并没有相关指数的编制。如果中国有相应的指数编制，则这些方法的精确度会更高一些。

6.6　本章小结

本章主要讨论了 FISIM 的物量核算方法。FISIM 的物量核算方法不同于普通产品的物量核算方法之处，在于存贷款余额本身有名义额和实际额之分，在实际物量核算中使用存贷款余额的实际额，即剔除价格因素的影响。结合 2008 年 SNA，参考部分国家和学者的研究，按照《中国国民经济核算体系（2016）》建议，分析了中国可比价 FISIM 核算的启示，以期为中国可比价 FISIM 核算提供参考。

第❼章
基于账户参考利率可比价
FISIM 核算的实证研究

    荷兰统计局数据显示，2000～2011 年基于现价的间接计算的金融中介服务（FISIM）总产出的增长速度显著大于银行实际服务总产出的增长速度，尤其在 2008～2011 年金融危机期间，这种差距呈扩大趋势。从波动情况看，FISIM 总产出波动较大，而银行实际服务总产出波动较为平稳。此外，2010 年爱尔兰国民经济账户数据显示，金融业对 GDP 的贡献达到 7%，与经济繁荣时期的数字基本一致，这与实际情况不相符。这两种现象的原因主要源于两方面：一是总产出核算方法不同，FISIM 是以利差的形式间接收取服务费，参考利率是影响其价值的关键因素之一。而银行实际服务产生的服务费是直接收取的。二是价格测度不同，FISIM 的价格是隐含的，且没有可计量 FISIM 的物理单位，获得精确的 FISIM 价格指数和物量指数较为困难。而银行实际服务的价格则是显性的。FISIM 是金融企业部门提供的主要服务之一，对金融业产出的贡献较大，因此，如何准确核算可比价 FISIM 尤为重要。本章根据 2008 年 SNA 构建用于中国 FISIM 核算的账户参考利率，利用实际数据核算并分摊现价 FISIM 总产出；借鉴联合国国民经济核算工作组关于 FISIM 价格指数的思想，结合中国存贷款特点，构建存贷款服务价格指数，利用实际数据计算中国存款的 Fisher 价格指数和贷款的 Unit 价值指数，进而得出中国的可比价 FISIM。最后，探究可比价 FISIM 对实际 GDP 的影响。研究表明，可比价 FISIM 对经济增长率波动率的影响大于对经济增长率的影响。

7.1 基于账户参考利率的现价 FISIM 核算

2008 年 SNA 对 FISIM 核算的核算主体和核算客体有明确规定。核算主体由部门代码依次为 S121、S122 和 S125 的中央银行、中央银行以外的存款性公司、保险公司和养老基金以外的其他金融机构构成。核算的客体仅限于金融机构提供的存款服务和包含自有资金贷款的贷款服务，存款和贷款金融工具代码依次为 AF2 和 AF4。FISIM 总产出、存贷款 FISIM 总产出的计算如式（7 – 1）至（7 – 3）所示。

FISIM 总产出 = 贷款 FISIM 总产出 + 存款 FISIM 总产出 （7 – 1）

存款 FISIM 总产出 = （参考利率 – 存款利率）× 平均存款余额 （7 – 2）

贷款 FISIM 总产出 = （贷款利率 – 参考利率）× 平均贷款余额 （7 – 3）

FISIM 核算中涉及的参考利率，2008 年 SNA 并没有给出具体的确定方法，据有关文献，存贷款参考利率会因存贷款面临的风险不同而不同。本书讨论 FIs 没有较高信用保障的情况，此时 FIs 的风险会转移给存贷款需求部门或者其他机构部门，从而存款和贷款面临相同的风险，因此存贷款的参考利率相同且应考虑风险因素。由此可以根据机会成本原理从 FIs 的贷款金融资产收益率的角度考虑参考利率的确定。这里设 FIs 持有的金融工具包括存款、债券和股权资本。构建 FIs 的资金流量与存量表并计算贷款参考利率，如表 7 – 1 所示，$\overline{AFA}$、$\overline{AFL}$、r_{AFA} 和 r_{AFL} 分别表示除贷款之外其他金融资产列向量、除贷款之外其他金融负债列向量、除贷款之外其他金融资产收益率列向量和除贷款之外其他金融负债支付收益率列向量。

表 7-1　参考利率计算的资金流量与存量表

概念	流量		存量	
	使用	来源	资产	负债
总产出		*P*1		
直接产出的价格列向量		*p*		
直接产出的产量列向量		*y*		
中间消耗	$\widetilde{P2}$			
雇员报酬	*D*1			
生产税	*D*29			
固定资本折旧	− *P*51*c*			
财产收入	$r'_{AFL} \cdot \overline{AFL}$	$r'_{AFA} \cdot \overline{AFA}$		
非金融资产			*AN*	
金融工具			*AFA*	*AFL*
非股权类工具				$\widetilde{AFL}$
存款			*AF2DA*	*AF2DL*
债券			*AF3A*	*AF3L*
贷款			*AF4A*	*AF4L*
股权资本			*AF51A*	*AF5CL*

由表 7-1 可得恒等式：

$$r'_{AFL} \cdot \overline{AFL} = p'y + r'_{AFA}\overline{AFA} - (P2 + D1 + D29 - P51c)$$

$$\overline{r}'_{AFL} = \frac{p'y + r'_{AFA}\overline{AFA} - (P2 + D1 + D29 - P51c)}{t'\overline{AFL}}$$

其中，$\overline{r}'_{AFL}$ 为除贷款之外其他金融负债平均支付收益率。

一般情况下，FIs 的贷款主要源自于其金融负债，故贷款的参考利率 *RR* 等于资金成本的平均收益率 $\overline{r}'_{AFL}$，即有

$$RR = \frac{p'y + r'_{AFA}\overline{AFA} - (P2 + D1 + D29 - P51c)}{\iota'\overline{AFL}} \tag{7-4}$$

其中，ι 为分量为 1 的列向量。

式（7-4）即为本书存贷款的参考利率，为后文分析方便，这里把这一参考利率命名为"账户参考利率"。由式（7-4）可知，账户参考利率包含风险溢价。

关于参考利率的实践方面，欧盟成员国通过实践得出银行间同业拆借利率或加权值、内部参考利率、期限匹配利率、加权平均存贷款利率和中间值参考利率等六种参考利率。其中，银行间同业拆借利率、内部参考利率适用于利率市场化的国家，利率不完全市场化的国家采用此利率，可能会出现 FISIM 总产出为负值的情况。期限匹配利率考虑了利率的期限风险，但实际操作难度大。加权平均存贷款利率、中间值参考利率，它们都是介于存款利率和贷款利率之间的参考利率，可以避免出现负值的 FISIM 总产出，但在考虑风险方面略不足。本书的账户参考利率通过引入其他风险资产，考虑了风险因素，且数值介于存贷款利率之间，因此具有一定的合理性。

7.1.1　账户参考利率的构建

按表 7 - 1，构建 2010 ~ 2015 年金融机构资金流量与存量表。其中，雇员报酬和生产税净额数据，2010 年和 2012 年源自投入产出表，2011 年、2013 ~ 2015 年源自年度资金流量表。固定资产折旧、中间消耗和营业盈余数据，2010 年和 2012 年源自投入产出表；2011 年、2013 ~ 2015 年固定资产折旧和增加值按 2012 年固定资产折旧系数和增加值系数推算，中间消耗由总产出与增加值计算，营业盈余由资金流量表推算，即营业盈余 = 原始收入余额 + 财产支出 - 财产收入。金融机构的数据来自中国人民银行公布的金融机构信贷收支表。2010 年之后，国际标准关于金融工具的分类发生了变化，金融工具包含股权资本，并且把其他投资与股权资本作为一项记录，2010 年（包括 2010 年）之前，其他投资记录在债券及其他投资项目下。关于金融资产收益率数据方面，据资料显示，上证综合指数从 1990 年至 2013 年几何收益率为 14.34%，深证成指几何收益率为 9.66%。取二者的平均收益率 12% 作为股权资本收益率的近似。采用 RESSET 数据库中企业债券现期收益率，取其年度平均收益率，作为债券收益率的近似，2010 ~ 2015 年分别为 4.87%、5.26%、5.73%、5.85%、6.09% 和 5.85%。

以 2010 年和 2012 年为例简要说明中国金融机构资金流量与存量表的构建过

程，如表 7 – 2 所示，根据表 7 – 2，按照式（7 – 4）可计算 2010 年和 2012 年存贷款的账户参考利率。同理可得 2011 年、2013 ~ 2015 年存贷款的账户参考利率，并将其与同年度的银行间同业拆借利率对比，如图 7 – 1 所示。由图 7 – 1 可知，账户参考利率因考虑风险因素，故其值大于银行间同业拆借利率数值，二者之差在 0.29% ~ 2.04%，2013 年为最小值 0.29%，2015 年为最大值 2.04%。

表 7 – 2　2010 年与 2012 年金融机构资金流量与存量表　单位：千亿元

指标	2010 年				2012 年			
	流量		存量		流量		存量	
	使用	来源	资产	负债	使用	来源	资产	负债
总产出		32.3				59.0		
直接产出①		27.6				53.3		
中间消耗	11.3				23.8			
雇员报酬	6.7				11.0			
生产税净额	2.6				3.9			
固定资本折旧	– 0.5				– 0.9			
非金融资产								
金融工具								
非股权类工具								
存款			733.4				943.1	
债券及其他投资			222.5				114.6	8.6
股权资本及其他投资							162.7	

数据来源：2010 年和 2012 年投入产出表和中国人民银行金融机构信贷收支表。

7.1.2　现价 FISIM 总产出核算与分摊

1. 现价 FISIM 总产出核算

账户参考利率和银行间同业拆借利率核算的 FISIM 总产出如表 7 – 3 所示。

---

①　直接产出数据利用公式推导而得。即中国 2002 年国民经济核算体系中，关于 FISIM 总量的计算公式：FISIM 总产出 = 利息收入 + 投资收益 + 租赁收益 + FIs 往来收入 – 利息支出 – FIs 往来支出。直接产出 = 总产出 + 利息支出 – 利息收入。

由表 7 - 3 可知，2010 ~ 2015 年账户参考利率核算的 FISIM 总产出大于银行间同业拆借利率核算的 FISIM 总产出。这是因为，账户参考利率考虑了风险溢价，其数值大于银行间同业拆借利率，这就使得单位贷款服务产出较银行间同业拆借利率计算的数值变小，而单位存款服务产出较银行间同业拆借利率计算的数值变大，又因平均存贷款余额没有发生变化，从而导致账户参考利率计算的 FISIM 总产出大于银行间同业拆借利率计算的数值。

表 7 - 3 账户参考利率计算的 FISIM 总产出　　　　　　单位：亿元

年份	账户参考利率的 FISIM 总产出	存款 FISIM 总产出	贷款 FISIM 总产出	银行间同业拆借利率的 FISIM 总产出
2010	18105. 37	7078. 46	11026. 90	15776. 83
2011	19437. 51	3396. 28	16041. 24	19190. 32
2012	23381. 09	10196. 89	13184. 20	21958. 59
2013	26099. 74	8539. 61	17560. 13	25824. 03
2014	29108. 88	12883. 80	16225. 07	28472. 75
2015	40369. 99	31187. 04	9182. 94	31938. 01

2. 部门分摊

根据账户参考利率对 2010 年和 2012 年的贷款 FISIM 总产出在产业部门之间分摊。分摊结果表明，2010 年与 2012 年对应的产业部门贷款 FISIM 总产出变化趋势大体相同。账户参考利率的贷款 FISIM 总产出明显低于银行间同业拆借利率核算的结果，这是因为账户参考利率考虑了风险溢价。其中，从总产出的产业部门横向比较看，制造业总产出最大，科学研究、技术服务和地质勘查业总产出最小。贷款 FISIM 总产出在 500 亿元以上的产业部门分摊如图 7 - 2 所示。除产业部门分摊以外，FISIM 总产出的机构部门分摊如表 7 - 4 所示，由表 7 - 4 可知，住户部门的贷款 FISIM 总产出小于存款 FISIM 总产出，非金融企业部门的情况则恰恰相反。这是因为，住户部门一般是经济总体中最主要的资金盈余部门，其盈余资金调剂出去的主要方式是存款；非金融企业部门一般是最大的资金短缺部门，通常其主要的融资方式是贷款。

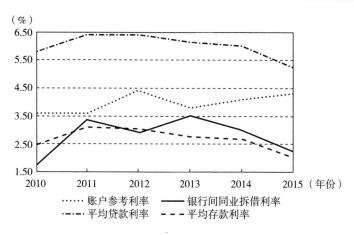

图 7-1　参考利率与存贷款利率

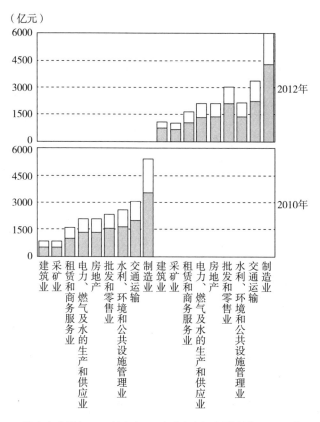

图 7-2　不同参考利率的贷款 FISIM 行业分摊

表7-4　基于账户参考利率的存贷款 FISIM

总产出的机构部门分摊　　　　　　单位：亿元

年份	存款 FISIM 总产出		贷款 FISIM 总产出	
	住户	非金融企业	住户	非金融企业
2010	3529.01	3549.46	2476.89	8550.01
2012	5537.72	4659.17	3227.64	9956.56

3. 最终使用的分摊

FISIM 的最终使用包括住户部门最终消费和净出口两方面。2010～2015 年住户部门平均存款余额、平均贷款余额以及存贷款利率数据源自中国人民银行公布的金融机构信贷收支表。按照 2008 年 SNA，住户部门存款的用途是最终消费，故因存款而发生的存款 FISIM 全部计入最终消费；贷款则不然，个人住房贷款不属于最终消费，故应将住房贷款从个人消费贷款中剔除。由于个人住房贷款可获得 2012 年和 2013 年的数据，其余年份的数据由个人购房贷款数据推算而得。假定个人住房贷款与个人购房贷款同比例增长，根据 2012～2013 年个人住房贷款数据，利用个人购房贷款的历年增长速度推算出 2011 年、2014～2015 年的个人住房贷款数据。表7-5 为 2010～2015 年基于账户参考利率用于住户部门最终消费的 FISIM。

表7-5　基于账户参考利率用于住户部门最终消费的 FISIM　　单位：亿元

年份	住户部门存款 FISIM	消费除房贷后的 FISIM	最终消费 FISIM
2010	3529.01	389.41	3918.41
2011	1794.98	647.34	2442.32
2012	5537.72	588.79	6126.50
2013	4700.91	931.76	5632.67
2014	7197.84	916.10	8113.94
2015	12473.59	564.23	13037.83

由于最终使用中用于净出口的存贷款服务占 FISIM 总产出的比例较小，故这里净出口的分摊采用 2010 年 ESA 推荐使用的外部参考利率进行分摊，结果会更为精

确。外部参考利率等于常住 FIs 与非常住 FIs 之间存贷款利息之和除以常住 FIs 与非常住 FIs 之间存贷款余额之和。根据《人民日报海外版》2007 年报道，中国 25 年借用国外贷款近 3000 亿美元，主要用于农业、基础设施和林业等方面，故这里把中国进口的贷款服务作为中间使用处理。对于中国在国外发生的存款服务，即存款 FISIM 总产出，从存款的机构部门看，主要为政府和住户部门。因此，这里的存款 FISIM 总产出作为最终消费处理。国外在中国发生的存贷款服务，属于中国 FISIM 的出口，计入最终使用。2010～2015 年中国存贷款进出口数据源自 Wind 资讯中相应年份的国际投资头寸表，选择欧洲美元在美国的 6 个月期存款利率、美国贷款利率、中国银行小额美元存款利率、大额美元贷款利率分别作为中国在国外的存款、贷款利率与国外在中国的存款、贷款利率的代表，由此计算得到 2010～2015 年中国外部参考利率。综上，2010～2015 年最终使用中用于净出口的 FISIM 分别为 -14.57 亿元、100.10 亿元、86.83 亿元、26.43 亿元、135.16 亿元和 70.58 亿元。

7.2　可比价 FISIM 核算

关于可比价 FISIM 核算，1968 年 SNA 和 1993 年 SNA 并无论述，2008 年 SNA 建议综合考虑参考利率与存贷款利率之差以及消除价格因素的存贷款余额的影响。FISIM 与普通货物和服务不同，它的价格受价格指数和单位服务产出两方面因素影响。《国民账户价格和物量测度手册》（2001）指出，可比价 FISIM 总产出的计算，首先必须消除价格对存贷款余额的影响，以避免这些价格变化反过来影响测度指标，即这里的价格指数必须能够衡量货币购买力的变化。

关于平均存贷款余额价格缩减指数，2008 年 SNA 对此并没有具体的价格缩减指数，但指出，在国民经济核算中用以推导物量值的价格指数主要有四种：消费者价格指数（CPI）、生产者价格指数、出口价格指数和进口价格指数。Basu（2009）在对 Fixler 的论文评论中指出，在选择将名义金融价值转换为实际金融价值的价格缩减指数时存在着不确定性：一般选用以 GDP 所覆盖的"一篮子"货物和服务为对象的综合价格指数即 GDP 缩减指数，如果消费者用银行存款购买消费品，也可选用 CPI 缩减。2010 年 ESA 采用基年的价格总指数，例如 GDP 缩减指数缩减平均存贷款余额。渥太华工作小组会议（Ottawa Group Meetings）（2011）在国民账户体系中关于银行服务的测度报告中认为，若 FISIM 的用途是消费者用于购买货物和服务，那么使用 CPI 缩减相应的平均存贷款余额就是合理的。《国民账户体系中金融生产、流量与存量手册（2015）》建议，在实践中没有合适的价格指数，可以选用诸如 GDP 缩减指数和 CPI 等。根据大多数国家的实践经验，对平均存贷款余额价格缩减指数，选用 GDP 缩减指数的较多，如 OECD（经济合作与发展组织）国家、日本、英国、哥伦比亚、赞比亚等。总之，平均存贷款余额价格缩减指数的选择一直存在争议，争议最多的两个指数为 GDP 缩减指数和 CPI，但至少有一点是一致的，即根据 FISIM 的不同用途选用价格指数。关于单位服务产出方面，ISWGNA（2011）指出存贷款价格各不相同，需采用相应的价格指数分别缩减单位服务产出。

综合这两方面因素，ISWGNA 提出了 Fisher 价格指数法和 Unit 价值指数法两种可比价 FISIM 核算的方法。

1. Fisher 价格指数法

以存款为例，使用基于同一基准年的价格总指数之比消除平均存款余额对单位存款服务产出的价格指数的影响，以得到存款 FISIM 的 Fisher 价格指数。同理可得贷款 FISIM 的 Fisher 价格指数。具体计算中涉及的各种符号及含义如表 7-6 所示。

表 7-6 符号及含义

符号	含义	符号	含义
A_i^t	第 i 种贷款在第 t 期的平均贷款余额	r_{Di}^t	t 时期 FIs 支付给第 i 种存款的利率
D_i^t	第 i 种存款在第 t 期的平均存款余额	上标"1"	报告期
p_{Ai}^t	第 i 种贷款在第 t 期的服务价格	上标"0"	基期
p_{Di}^t	第 i 种存款在第 t 期的服务价格	FISIM_D	存款 FISIM 总产出
RR^t	t 时期的参考利率	FISIM_A	贷款 FISIM 总产出
r_{Ai}^t	t 时期 FIs 收到第 i 种贷款的利率		

根据表 7 - 6、式（7 - 1）至式（7 - 3）可得：

$$p_{Ai} = r_{Ai} - RR; p_{Di} = RR - r_{Di} \quad \text{FISIM 总产出} = \text{FISIM}_D + \text{FISIM}_A$$

$$= \sum_{i=1}^{n} p_{Ai} \cdot A_i + \sum_{i=1}^{n} p_{Di} \cdot D_i$$

分别计算存款 FISIM 和贷款 FISIM 的拉氏价格指数（L）和派氏价格指数（P）：

$$L_D = P^{GDPU} \cdot \sum_{i=1}^{n} p_{Di}^1 \cdot D_i^0 \Big/ \sum_{i=1}^{n} p_{Di}^0 \cdot D_i^0; P_D = P^{GDPU} \cdot \sum_{i=1}^{n} p_{Di}^1 \cdot D_i^1 \Big/ \sum_{i=1}^{n} p_{Di}^0 \cdot D_i^1$$

$$L_A = P^{GDPU} \cdot \sum_{i=1}^{n} p_{Ai}^1 \cdot A_i^0 \Big/ \sum_{i=1}^{n} p_{Ai}^0 \cdot A_i^0; P_A = P^{GDPU} \cdot \sum_{i=1}^{n} p_{Ai}^1 \cdot A_i^1 \Big/ \sum_{i=1}^{n} p_{Ai}^0 \cdot A_i^1$$

$$P^{GDPU} = \frac{\text{基于同一基准年计算的报告期的 GDP 缩减指数}}{\text{基于同一基准年计算的基期的 GDP 缩减指数}}$$

荷兰统计局的实践经验表明，这里 P^{GDPU} 可以用 P^{GDIU} 替代，即 $P^{GDIU} = CPI_1 / CPI_0$。

综上，存贷款服务价格的 Fisher 价格指数为：

$$P_D^F = \sqrt{L_D \times P_D}; \quad P_A^F = \sqrt{L_A \times P_A}$$

可比价 FISIM 总产出 $= \text{FISIM}_D^t / P_D^F + \text{FISIM}_A^t / P_A^F$

2. Unit 价值指数法

以存款为例，平均单位产出价值为存款 FISIM 总产出与剔除价格因素的平均存款余额之比。平均单位产出价值的个体指数即为存款 FISIM 的 Unit 价值指数。同理可得贷款 FISIM 的 Unit 价值指数。存贷款 FISIM 的 Unit 价值指数分别记为 P_D^U 和 P_A^U。

$$P_D^U = P^{GDPU} \cdot \left(\sum_{i=1}^{n} p_{Di}^1 D_i^1 \Big/ \sum_{i=1}^{n} D_i^1 \right) \Big/ \left(\sum_{i=1}^{n} p_{Di}^0 D_i^0 \Big/ \sum_{i=1}^{n} D_i^0 \right)$$

$$P_A^U = P^{GDPU} \cdot \left(\sum_{i=1}^{n} p_{Ai}^1 A_i^1 \Big/ \sum_{i=1}^{n} A_i^1 \right) \Big/ \left(\sum_{i=1}^{n} p_{Ai}^0 A_i^0 \Big/ \sum_{i=1}^{n} A_i^0 \right)$$

可比价 FISIM 总产出 $= \text{FISIM}_D^t / P_D^U + \text{FISIM}_A^t / P_A^U$

平均单位产出价值是单位服务产出以各种存贷款的余额为权数计算而得，因而 Unit 价值指数会受到存贷款构成的影响。而 Fisher 价格指数则是总指数。Fisher 价格指数和 Unit 价值指数是当今世界各国官方通货膨胀测度的主要指数。这两种价格指数都可以用作存贷款 FISIM 的价格缩减指数。Unit 价值指数是一种平均指标指数，一方面，在衡量不均匀的单位平均价值变化时，会受到项目组合的变化及其价格变化的影响，即即使价格不发生变化，结构效应也会影响指数的变化。如果满足构成项目的同质性，则 Unit 价值指数具有理想的性质。另一方面，从几何平均数与算术平均数的角度，相同条件下，Fisher 价格指数值小于等于Unit价值指数值。

在从存贷款用途角度选择 FISIM 的价格缩减指数方面，Marshall Reinsdorf（2011）的研究表明，存款 FISIM 主要作为住户部门的最终使用，而贷款 FISIM 主要用于中间使用。因此，存贷款的价格指数也应不同。《国民账户价格和物量测度手册》（2001）强调，"商业市场和消费市场之间确实存在重大差异，必须通过不同的统计指标加以反映"。按照《国民账户价格和物量测度手册》，存款属于最终消费市场，而贷款则不是，故存款和贷款服务产出应该采用不同的价格缩减指数。综上，从理论的角度，存贷款应采用不同的价格指数。实践方面，荷兰的经验表明，Unit 价值指数比较适用于贷款和长期存款。结合部分国家实践经验和存贷款用途特点，本书认为若存款种类灵活多样，且一般期限较贷款短，则采用 Fisher 价格指数更能反映各类存款的特点；贷款结构稳定且短期内不可能发生太大的变化，更适合 Unit 价值指数，若采用 Fisher 价格指数缩减，可能会高估贷款 FISIM 总产出。

7.3 可比价 FISIM 对 GDP 的影响

现阶段中国没有针对 FISIM 的特定价格缩减指数。FISIM 的价格缩减指数为居民消费者价格指数和固定资产价格指数的加权平均数。这与存贷款利率管制政策有关。中国在经济转轨以来，利率市场化改革缓慢，1996 年开放银行间同业拆借利率，2013 年全面开放贷款利率，2015 年全面开放存款利率，标志着中国利率市场化基本完成。可见，存贷款利率管制政策持续了很长时间，这期间 FISIM 的价格变动与一般价格水平变动基本一致，采用这种加权平均数作为 FISIM 的价格缩减指数具有一定的合理性。但按照部分国家经验，利率市场化程度越高，FISIM 的价格变动与一般价格水平变动的不一致程度也越大。因此，结合目前利率市场化特点，参考国外经验，以现有中国公布的各种存贷款利率及年度平均存贷款余额数据为基础构建专门的 FISIM 价格缩减指数。

在存贷款选择方面，单位存款包括活期存款、定期存款、通知存款；个人存款包括活期储蓄存款、定期储蓄存款和通知存款。财政性存款没有利息，故不考虑。贷款包括短期贷款（一年以下）、企业中长期贷款（一年以上）和个人住房贷款。数据来源说明如表 7 - 7 所示。

表 7 - 7　FISIM 价格缩减指数计算的数据来源

利率	数据来源
活期存款利率	来源于中国人民银行
定期存款利率	来源于中国人民银行，取一年期定期存款利率
通知存款利率	来源于中国人民银行，取一天和七天通知存款利率的简单算术平均数
短期贷款利率	来源于中国人民银行，取 6 个月以下和 6 个月至 1 年贷款利率的平均数
住房贷款利率	来源于中国人民银行，取住房公积金贷款利率
企业中长期贷款	来源于 CSMAR 数据库，取 1117 个上市公司各种期限贷款利率以贷款额为权数的加权平均数
定期存款	来源于中国人民银行，是单位定期（保证金）存款和个人定期（保证金）存款的合计
住房贷款	其中 2012 年、2013 年的数据来源于中国人民银行，其余年份推算得到

注：部分银行区分单位存款利率和个人存款利率，但数值相差甚小（见 Wind 资讯，分银行存款利率）。因单位存款利率与个人存款利率大体一致，故不区分单位与个人。

在平均存贷款余额的价格缩减指数方面，许宪春（2001，2002）研究表明，住户部门分摊的 FISIM 会增加 GDP；净出口分摊的 FISIM 会降低 GDP，但降幅微小。《中国国民经济核算体系》（2016）颁布之前，FISIM 总产出仅在产业部门和净出口之间分摊，住户部门没有分摊。由此可知，中国用于最终使用的 FISIM 占 FISIM 总产出的比例小，结合前文分析，这里选取 GDP 缩减指数作为平均存贷款余额的缩减指数比 CPI 更为合理。据中国人民银行人民币存贷款数据显示，存款的种类多且利率的离散程度大，贷款期限长，结构稳定。由前文理论分析得知，存款服务更适合 Fisher 价格指数，贷款服务更适合 Unit 价值指数。故构建分别反映各类存款特征和贷款单位价值的价格缩减指数，由此得到的可比价 FISIM 总产出记为 Fisher_ U_ FISIM。Fisher 价格指数、Unit 价值指数、GDP 缩减指数和 CPI 以及由此得到的三种可比价 FISIM 总产出如图 7-3 和图 7-4 所示，总体上看，Fisher 价格指数与 Unit 价值指数的波动较其余两个缩减指数大。Fisher_ U_ FISIM 大于 GDP 缩减指数和 CPI 缩减的 FISIM 总产出。

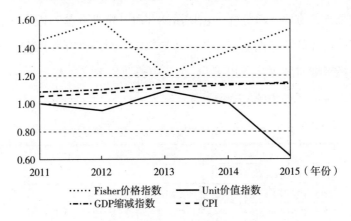

图 7-3　不同价格缩减指数的可比价 FISIM 总产出

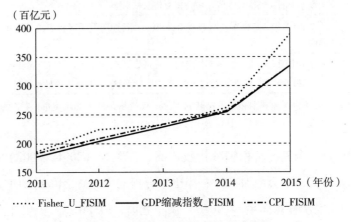

图 7-4　FISIM 的各种价格缩减指数

可比价 FISIM 对实际 GDP 的影响如表 7-8 所示。由表 7-8 可知，从绝对量看，实际 GDP 的增量变化主要取决于最终消费增量的变化，这是因为，用于住户部门最终消费的 FISIM 大于净出口的 FISIM。从经济增长率看，2011 年经济增长率为 8.6%，低于国家统计局公布的 2011 年经济增长率 9.5%，这可能与 2008 年美国次贷危机以及 2011 年欧债危机对金融业的影响有关，基于账户参考利率的可比价 FISIM 考虑了金融危机期间金融业受到的影响，故基于此计算的经济增长率低一些。与经济增长率的变化情况相比，总体上看，可比价 FISIM 对经济增长率波动率的影响大于其对经济增长率的影响，这可能与金融业的波动性有关。因此，编制合适的 FISIM 价格缩减指数，可以用于准确监测金融业的波动性。

表 7-8　可比价 FISIM 对实际 GDP 的影响　　　　单位：亿元，%

年份	2010	2011	2012	2013	2014	2015
实际 GDP 增量	3903.8	2661.4	4068.7	6111.0	6394.9	9786.7
实际最终消费增量	3918.4	2569.3	3990.2	6087.7	6276.0	9724.9
经济增长率		8.6	8.9	7.5	8.3	6.9
经济增长率波动率	–	–	2.8	15.9	10.8	16.2

注：经济增长率波动率 = $\left| 第\, t+1\, 期经济增长率 \div 第\, t\, 期经济增长率 -1 \right|$。

7.4　本章小结

本章根据 2008 年 SNA 构建了包含风险因素的账户参考利率，并按照账户参考利率核算现价 FISIM 总产出。从产业部门角度分摊了现价贷款 FISIM 总产出，从机构部门的角度分摊了现价 FISIM 总产出；从最终使用的角度，讨论了用于住户部门最终消费的 FISIM 和净出口的 FISIM 的分摊方法。最后，从现价角度分析 FISIM 对 GDP 与收入分配的影响，从可比价角度探究可比价 FISIM 的核算方法及其对实际 GDP 的影响。综观核算与分析结果，对 GDP 影响方面，用于住户部门最终消费的 FISIM 与净出口的 FISIM 的分摊使得 GDP 较原有传统只包含净出口 FISIM 的 GDP 数值增加；可比价 FISIM 对实际 GDP 会产生影响，且对经济增长率波动率的影响较大。

第❽章
研究结论与启示及进一步研究方向

8.1 研究结论与启示

本书的研究主旨是金融中介服务核算，重点是 FISIM 核算及其对宏观经济的影响。围绕这一主题，在比较了各种国际权威规范关于 FISIM 总量核算、部门分摊的基础上，按照 2008 年 SNA 关于 FISIM 核算的思想，选用了国际上目前已经使用的两种参考利率，并构建了三种考虑了风险因素的参考利率模型，即 CIR – CCAPM 利率、CIR – CCAPM – D 利率和账户参考利率，结合中国的实际数据对 FISIM 进行了具体的核算。接着分析了平均存贷款利率、CIR – CCAPM 利率、CIR – CCAPM – D 利率和账户参考利率核算的 FISIM 产出和部门分摊，对 GDP 和收入分配的影响。最后，梳理了国际标准、部分国家及部分学者关于可比价 FISIM 核算的方法。研究结论中的主要结论如下：

1. FISIM 的不同核算范围影响总量核算

核算主体方面，2008 年 SNA 首次澄清了中央银行的活动。中央银行生产的服务被确认为三个组别，即金融中介服务、货币政策服务以及对金融公司的监管服务。核算的金融工具仅限于存贷款，不包括其他金融工具。包括所有的存贷款，原因在于，对存款人来说，无论资金是否被贷出，他都会获得同等的利息和服务；对贷款人来说，无论资金是来源于中介资金还是银行的自有资金，他都要支付相同的利率并得到相同的服务，因此，金融机构提供的所有存贷款服务都要虚拟为收取了间接服务费。不包括其他金融工具，源于 2008 年 SNA 关于金融中介服务的定义，2008 年 SNA 认为只有用户直接与金融中介机构（Financial Intermediaries，FIs）交易，才被认为得到了 FIs 提供的服务。其他金融工具，如股票、债券等，直接在金融市场交易，不涉及 FIs，无法体现服务的直接特性。

2. 参考利率的选择影响总量核算和部门分摊

2008 年 SNA 指出，参考利率应考虑风险溢价，并且不包含任何服务因素。按实际中 FIs 能否承担最终风险，也即存款和贷款面临的风险是否相同，参考利率的选择大致可以归为三种类型：一是存贷款都没有风险，即存贷款面临的风险可以完全消除，此时参考利率可选择无风险利率。二是存款风险小于贷款风险，这种情况表现为 FIs 一般信用保障较高，完全能够承担最终风险，此时存款面临的风险较小，可忽略不计，故存款的参考利率可选择无风险利率。而贷款就不同，可能会有违约的情况，因而，对于贷款而言，机会成本就不同，参考利率的选择自然要包括贷款风险溢价。三是存款和贷款面临的风险相同，这种情况主要是 FIs 没有较高的信用保障，风险势必转移给存贷款者或者其他机构部门，这样一来，存款和贷款面临的风险相同，二者的参考利率相同，且高于无风险利率。

参考利率是否考虑风险直接影响到风险这部分因素是否包含在 FISIM 总产出之内。本书选择构建了五种参考利率，分别为银行间同业拆借利率、平均存贷款利率、CIR – CCAPM 利率、CIR – CCAPM – D 利率和账户参考利率。比较来看，银行间同业拆借利率、平均存贷款利率计算比较简单，后三种利率计算相对较为复杂。对于银行间同业拆借利率，按照本书数据，参考利率与存款利率之差在某些年份出现负值，这与参考利率法计算 FISIM 思想相违背。出现负值的原因可能与中国利率尚未完全市场化有关。CIR－CCAPM 利率是根据 2008 年 SNA 关于参考利率的思想，构建的一种既包含一般金融资产的风险溢价又考虑利率期限风险的参考利率，经前文实际数据，此利率具有一定的合理性。CIR－CCAPM－D 利率是在 CIR－CCAPM 利率基础上考虑了贷款违约风险的参考利率。账户参考利率从金融机构资金流量和存量表的角度构建，考虑各种金融资产，理论上虽完美，但实际所需数据由投入产出表提供，因投入产出表每五年编制一次，故账户法参考利率会受到数据来源的影响。本书分析认为，账户参考利率与 CIR－CCAPM 利率理论上的差异在于是否考虑期限溢价的问题。

历史上关于 FISIM 的部门分摊有两种方法：一种是采用参考利率在各产业部门和机构部门之间分摊；另一种是采用相关金融指标的比例在各部门间分摊。只有在贷款总额等于存款总额的情况下，这两个 FISIM 才会相等。而一般情况下，存款总额不等于贷款总额，导致 FISIM 的这两个值不相等，这表明采用这种方法可能会产生 FISIM 的生产量和使用量的不平衡问题。

3. 参考利率法核算 FISIM 影响机构部门增加值和收入分配

首先，对机构部门增加值的影响。从投入产出表看，在产出方向，FIs 的 FISIM 分摊为企业的中间消费、住户的最终消费支出和出口三项。除住户部门外的其他部门的最终消费没有发生变化，这样 FISIM 的分摊使得最终使用增加，进而使一国支出法核算的 GDP 增加。在投入方向，按生产法核算的 GDP 增加。按收入法核算，营业盈余是一个平衡项目，由总产出减去中间消耗减去雇员报酬减去生产税净额再减去固定资产折旧得到。与 1968 年 SNA 相比，FIs 的 FISIM 分摊到企业部门的中间消费，企业部门的营业盈余减小。除企业和其他部门以外，FIs 及虚拟部门的营业盈余增加，其他部门的营业盈余不发生变化。收入法与支出核算的 GDP 增加量相同。与 1993 年 SNA 按相关金融指标比例分摊 FISIM 的方法相比，2008 年 SNA 的参考利率分摊法考虑波动性且与总量核算方法保持一致，在实际中，也更贴近微观 FIs 的金融交易情况，便于对 FIs 的宏观调控。

采用参考利率法核算 FISIM 对收入初次分配的影响。2008 年 SNA 采用参考利率核算 FISIM，将 FIs 的服务费从财产收入与利息支出差额中分离出来。采用参考利率法核算 FISIM，对各部门收入初次分配的影响，主要表现在对财产收入和营业盈余的影响上。以 FIs 为例说明，1993 年 SNA 中，贷款利息收入之和减去存款利息支出之和，是财产收入。2008 年 SNA 采用参考利率计算 FISIM，这种方法计算的 FISIM 较 1993 年 SNA 的计算方法计算的数值变小，在最初投入的其他项不变的情况下，FIs 的营业盈余会减小，且营业盈余的结构会发生变化。

此外，应收的财产收入会因参考利率而变化，参考利率对于贷款而言是纯成本，故因贷款而产生的利息收入应按参考利率计算。这就使得应收财产收入较之前按贷款利率计算的财产收入减小。对于存款，应付利息仍按存款利率计算，故 FIs 的应付财产收入不发生变化。住户部门的营业盈余不发生变化。存款利息为其应收财产收入，不变化。贷款应付利息是其应付财产收入，减小，由原来的贷款利率计算变为参考利率计算。初次分配总收入增加。非金融企业因中间消费金融中介服务增加，总产出不变的情况下，营业盈余减小。同住户部门，存款利息为其应收财产收入，不变化。应付财产收入减小。

目前，中国国民经济核算体系关于 FISIM 的核算，还没有彻底采用参考利率法。而据资料显示，中国自 2002 年开始 FIs 的存贷款差额呈不断扩大的趋势，如果中国国民经济核算中也采用参考利率法核算 FISIM，结合中国目前商业银行贷款违约风险的问题，采用考虑风险溢价的参考利率，则 FISIM 数值较采用利息收支差法计算 FISIM 增加。中国目前住户的住房贷款及消费的存贷款需求日益增大。如果分摊方面除非 FIs 产业部门、出口方面外，住户部门按住户的住房贷款分摊中间消耗，按其将存贷款用于消费的意图分摊为最终消费，则中国国民经济核算中各机构部门的投入产出情况及收入分配情况较之前会发生一些变化。

采用考虑风险溢价的参考利率计算 FISIM，得到的数值较现有核算体系核算的数值会增加，金融企业按比例提供给其他机构部门的中间使用将增加，其他条件保持不变的情况下，FIs 的营业盈余较之前会增加，进而金融企业的增加值会增加，占 GDP 的比例会增加。非金融企业因其总产出不发生变化，消耗的金融企业提供的中间产品增加，会使得其营业盈余减小，并且营业盈余减小数额等于中间消耗增加的数额。FISIM 分摊为住户部门的中间消耗和最终消耗，较现有核算体系对住户部门不分摊而言，相应数值会增加。同时，因住户部门分摊得到了最终使用，从而使其增加值增加，相应的总产出也增加。此外，从投入产出表的三面等价性可知，GDP 核算的数值较之前会增加。

参考利率的使用除了影响增加值外，对财产收入也会产生相应的影响，进而影响初次分配总收入和可支配总收入等收入分配项目。对于住户部门而言，增加值会增加，应付的财产收入会减小，这就使得其初次分配总收入较之前会增加。同时在其他项目保持不变的情况下，住户部门的可支配收入、消费和总储蓄会同比例增加；对于非金融企业部门而言，因其增加值减小，而应付财产收入也减小，初次分配总收入的变化情况不确定；对于金融企业部门而言，增加值会增加，同时应收财产收入会减小，故而其初次分配总收入变化情况也不确定。

4. 不同的价格指数方法对可比价 FISIM 核算的影响

FISIM 的物量核算方法不同于普通产品的物量核算方法，存贷款余额本身有名义额和实际额之分，在实际物量核算中使用存贷款余额的实际额，即剔除价格因素的影响的实际额。本书主要分析了 Fisher 价格指数法、单位价值指数法、存量缩减法、产出指数法、IW 方法和现价比例法六种方法。

Fisher 价格指数法和单位价值指数法有所不同，前者在理论上要优于简单地将所有不同类型不同使用者成本的存款和贷款汇总缩减。后者是用单位货币余额的产出价值比对价格总指数进行调整。存量缩减法是 2008 年 SNA 和 2010 年 ESA 推荐使用的方法，是一种基年价格估计法，但没有考虑基准年的价格结构，基本原理是，用价格总指数缩减报告期平均存贷款余额，以缩减后的平均存贷款余额乘以基期的利差，得到可比价 FISIM。产出指数法给出了 FIs 不同活动的产出指数，它使用的是存款支付交易的数量。使用者成本价格指数法，是美国劳工统计局（Bureau of Labor Statistics，BLS）使用的另外一种产出指数法，它是直接从存贷款服务的使用者成本价格出发计算的一种指数。实质是一种加权平均指数，是产出指数的一种变形。主要适用于存贷款使用者成本的个体指数比较容易计算的情况。IW 方法是一种考虑质量调整的价格指数方法，基本原理是，选择产出指标，计算商业和工业贷款、不动产存贷款等服务的物量指数，进而得到相应的可比价 FISIM，它属于物量外推法。现价比例法是美国劳工统计局常用的方法，这种方法与其他几种方法的明显区别在于，可比价 FISIM 的计算与存贷款服务的使用者成本价格并无直接的关系，缺少存贷款 FISIM 的价格缩减指数，它的关键在于产出物量指数的确定。

中国目前没有专门的 FISIM 价格缩减指数，更没有分别关于存贷款 FISIM 的价格缩减指数。根据 2008 年 SNA 的建议，可比价 FISIM 产出可采用经过缩减的存贷款变动率对基年现价 FISIM 产出外推获得。2010 年 ESA 基本上也采用这样的方法核算。采用存量缩减的方法得到可比价 FISIM，相比中国目前 FISIM 的可比价计算法，前者更能反映实际，且相比其他几种可比价 FISIM 计算方法，要操作简单，数据需求量小。而 2016 年中国国民经济核算体系表明，采用 2008 年 SNA 的方法核算 FISIM，因此，可参考 2008 年 SNA 及其他国家的实践经验计算中国的可比价 FISIM，即用一般价格指数（如 GDP 缩减指数或者 CPI 缩减指数）缩减银行业 FIs 存贷款的存量变动率，用得到的物量指数对基年现价 FISIM 进行物量外推，从而得到可比价 FISIM。此外，除了存量缩减法之外，还有前述介绍的几种可比价 FISIM 计算方法，但这几种计算方法操作都较为复杂，多数涉及存贷款服务的价格指数编制问题，而中国目前关于金融业方面并没有相关指数的编制。

根据 2008 年 SNA 构建用于中国 FISIM 核算的账户参考利率，借鉴联合国国民经济核算工作组关于 FISIM 价格指数的思想，结合中国存贷款特点，构建存贷款服务价格指数，利用实际数据计算中国存款的 Fisher 价格指数和贷款的 Unit 价值指数，进而得出中国的可比价 FISIM。最后，探究 2010～2015 年可比价 FISIM 对实际 GDP 的影响。研究表明，可比价 FISIM 对经济增长率波动率的影响大于对经济增长率的影响。

8.2 研究中的问题及进一步研究方向

本书包括 2 篇内容，可分为理论篇和实证篇。理论篇包括现价 FISIM 核算和可比价 FISIM 核算。实证篇是关于现价 FISIM 核算方法及对 GDP 与收入分配影响研究、可比价 FISIM 核算及对 GDP 的影响。关于现价 FISIM 核算理论方面的研究，本书详细分析了 FISIM 总量核算、部门分摊、参考利率研究等方面的问题，提出了几种参考利率确定方法，具有理论合理性。现价 FISIM 核算实证篇，这是基于现价 FISIM 核算理论篇的实证，是理论与实践的结合，实证结果表明，所构建参考利率模型有一定的合理性。可比价 FISIM 核算是理论方面的梳理，实证研究了中国的可比价 FISIM，可比价 FISIM 核算的实证研究，重点在于编制或选择适合中国的 FISIM 价格指数。进一步研究方向是，需深入研究 FISIM 核算在中国的实践应用，以期为中国实际提供参考。

参考文献

［1］ Abhiman Das, Ramesh Jangili. Financial Intermediation Services Indirectly Measured (FISIM): The role of reference rate. Statistical Journal of the IAOS, 2017 (33): 515 – 524.

［2］ Antonio Colangelo, Robert Inklaar. Bank Output Measurement in the Euro Area: A Modified Approach the Euro Area: A Modified Approach. The Review of Income and Wealth, 2012 (3): 142 – 165.

［3］ Aotearoa, Tatauranga, Financial Intermediation Services Indirectly Measured (FISIM) in the National Accounts, Statistics New Zealand (2012). (Available at http://www.stats.govt.nz/ – /media/Statistics/browse – categories/economic – indicators/national – accounts/fisim – in – the – national – accounts/financialintermediation – services – indirectly – measured – in – the – nationalaccounts.pdf viewed on 10 February 2014).

［4］ Apergis, N., Christou, C. The Behavior of the Bank Lending Channel when Interest Rates Approach the Zero Lower Bound: Evidence from Quantile Regression. Econ. Model, 2015 (49): 296 – 307.

［5］ A. B. Chakraborty, A. Das. Banking Sector's Output in National Accounts: Measurement Issues. Economic and Political Weekly, 2007, 42 (37), 15 – 21, 3764 – 3769.

[6] A. 马歇尔. 经济学原理 [M]. 商务印书馆, 1964.

[7] Barnett, William. The User Cost of Money. Economic Letters, 1978 (2): 145 - 149.

[8] Barosevic, Marko, Conn, Lewis, Cullen, Derick. Financial Intermediation Services Indirectly Measured (FISIM) in the CPI. https://www2. gov. scot/Topics/ Statistics/Browse/Economy/papers/SES2008A3, 2011.

[9] Basu, S. Incorporating Financial Services in a Consumer Price Index: Comment in Price Index Concepts and Measurement. W. E. Diewert, J. Greenlees and C. Hulten (eds.), Studies in Income and Wealth, 2009 (12): 266 - 271.

[10] Basu, S., R. Inklaar, J. C. Wang . The Value of Risk: Measuring the Service Income of U. S. Commercial Banks. Economic Inquiry, Western Economic Association International, 2011 (1): 226 - 245.

[11] Berger, M. An introduction to FISIM - Concepts and Measurement Difficulties Voorburg Group, Vienna 20th to 24th, 2010: 9.

[12] Bernhofer, D., Van Treeck, T. New Evidence of Heterogeneous Bank Interest Rate Pass - Through in the Euro Area. Econ. Model, 2013 (35): 418 - 429.

[13] Bertrand Groslambert, Raphaël Chiappini, Olivier Bruno. Desperately Seeking Cash: Evidence from Bank Output Measurement. Economic Modelling, 2016 (59): 495 - 507.

[14] Borio, C., Gambacorta, L., Hofmann, B. The Influence of Monetary Policy on bank Profitability. BISWork. Pap, 2015 (514): 1 - 37.

[15] Breeden, Douglas T., An Intertemporal Asset Pricing Model with Stochastic Consumption and Investment Opportunities. Journal of Financial Economics, 1979: 265 - 296.

[16] Breeden, Douglas T., Robert H. Litzenberger. Price of State Contingent Claims Implicit in Option Prices. The Journal of Business, 1978 (10): 621 - 651.

[17] Busch, R., Memmel, C. Banks net Interest Margin and the Level of Inter-

est Rates. Discussion Paper Deutsche Bundesbank 16/2015, 2015.

[18] By Kyle K. Hood. Measuring the Services of Commercial Banks in the National Income and Products Accounts. Survey of Current Business, 2013 (2): 1 – 13.

[19] Colangelo, A., R. Mink. Bank Services: Some Reflections on the Treatment of Default Risk and Term Premium. The IFC's Contribution to the 57th ISI Session, Durban : Bank for International Settlements, 2010.

[20] Commission of the European Communities, International Monetary Fund, Organisation for Economic Cooperation and Development, United Nations, World Bank: System of National Accounts, 1953.

[21] Commission of the European Communities, International Monetary Fund, Organisation for Economic Cooperation and Development, United Nations, World Bank: System of National Accounts, 1968.

[22] Commission of the European Communities, International Monetary Fund, Organisation for Economic Cooperation and Development, United Nations, World Bank: System of National Accounts, 1993.

[23] Cox, J. C., Ingersoll, J. E., Ross, S. A. A Theory of the Structure of Interest Rates. Econometrica, 1985 (53): 385 – 467.

[24] CSO. Changes in Methodology and Data Sources in the New Series of National Accounts: Base year 2011 – 12, Central Statistics Office, Ministry of Statistics and Programme Implementation, Government of India, June, 2015. (http: //mospi. nic. in/Mospi New/upload/Changes% 20in% 20Methodology % 20NS% 202011 – 12% 20June% 202015. pdf) .

[25] De Bondt, G. J. Interest Rate Pass? Through: Empirical Results for the Euro Area. Ger. Econ. Rev, 2005 (61): 37 – 78.

[26] Dennis Fixler , Kim Zieschang. Deconstructing FISIM: Should Financial Risk Affect GDP. www. iariw. org/papers/2010/4aFixler. pdf, 2010 – 07 – 30.

[27] Derick Cullen. A Progress Report on ABS Investigations into FISIM in the

National Accounts, the Consumer Price Index and Balance of Payments. Meeting of the Task Force on Financial Intermediation Services Indirectly Measured (Fisim), 2011.

[28] Diewert, W. E. Intertemporal Consumer Theory and the Demand for Durables. Econometrica, 1974 (42): 497 – 516.

[29] Diewert, W. E., D. J. Fixler, K. D. Zieschang. The Measurement of Banking Services in the System of National Accounts. Journal of Economic Literature Classification Numbers, 2011 (5): 1 – 22.

[30] Donovan, D. Modeling the Demand for Liquid Assets: An Application to Canada. IMF Staff Papers, 1978 (25): 676 – 704.

[31] D. Fixler, K. D. Zieschang. Price Indices for Financial Services, Paper presented at the Sixth Meeting of the International Working Group on Price Indices Canberra, Australia, April, 2001.

[32] D. Hancock. The Financial Firm: Production with Monetary and Non – Monetary Goods, Journal of Political Economy, 1985 (93): 859 – 880.

[33] D. J Fixler, M. B Reinsdorf, G. M Smith. Measuring the Services of Commercial Banks in the NIPAs: Changes in Concepts and Methods. Survey of Current Business, 2003 (83): 33 – 44.

[34] Erwin. Diewert, Dennis Fixler, Kim Zieschang. The Measurement of Banking Services in the System of National Accounts. Ottawa Group Meetings Wellington, New Zealand, 2011 – 05 – 04.

[35] Esther Ohana, Pablo Mandler, Oz Shimony. Estimating and Allocating FISIM to Users by Employing Indirectly Related Available Data. OECD Conference Centre, 2012 – 10 – 03.

[36] European Commission. Handbook on Price and Volume Measures in National Accounts. Luxembourg: Office for Official Publications of the European Communities, 2001.

[37] Eurostat. European System of Accounts 1995. Luxembourg: Publications

Office of the European Union, 1995.

[38] Eurostat. Handbook on Price and Volume Measures in National Accounts. Luxembourg: European Communities, 2001.

[39] Eurostat. European System of Accounts 2010. Luxembourg: Publications Office of the European Union, 2013.

[40] Farihin Rosni, Syed Ibrahim bin Mohd Jamluddin and Fazrul Azlan bin Othman. Measurement of fisim in Malaysia. Asia – Pacific Economic Statistics Week Seminar Component Bangkok, 2016 (5): 1 – 12.

[41] FISIM: examination of Results of Experimental Calculations, Belgium: First results for the period 1995 – 98' available at http: //www. unece. org/fileadmin/DAM/stats/documents/ces/ac. 68/2000/8. e. pdf.

[42] Fixler, Dennis, Marshall Reinsdorf. Computing Real Bank Services, Paper Prepared for the NBER/CRIW Summer Institute. 2006 (11): 1 – 31.

[43] Fixler, Dennis. Measuring Financial Service Output and Prices in Commercial Banking. Applied Economics, 1993 (25): 983 – 993.

[44] F. Barzyk, A Eatock, M Xie. SPPI Mini Presentation, SPPI for Banking Services in Canada, Paper presented at the 24th meeting of the Voorburg Group, Oslo, 14 – 18 September 2009. (Available at http: //www4. statcan. ca/english/voorburg/Documents/2009200slo/Papers/200920 – 2021. pdf viewed on 03 February 2014).

[45] Herman Smith. Treatment of Liquidity Transformation in FISIM. Meeting of the task Force on Financial Intermediation Services Indirectly Measured (Fisim), 2011 (3): 1 – 7.

[46] Inklaar, Robert, J. Christina Wang. Real Output of Bank Services: What Counts Is What Banks Do, Not What They Own. Federal Reserve Bank of Boston, Working Paper Series, 2011 (2): 1 – 33.

[47] International Monetary Fund. Balance of Payments and International Investment Position Manual. Washington, D. C. : International Monetary Fund, 2009.

[48] International Monetary Fund. Producer Price Index Manual. Washington, D. C. : International. Monetary Fund, 2004.

[49] I. Begg, J Bournay, M Weale, S. Wright, Financial Intermediation Services Indirectly Measured: Estimates for France and the U. K. based on the Approach Adopted in the 1993 SNA, Review of Income and Wealth, 1996 (42): 453 – 472.

[50] Jorgenson, D. W. The Theory of Investment Behavior. Anatomy of Investment Behavior, 1967 (1): 129 – 155.

[51] J. Christina Wang, Susanto Basu, John G. Fernald. A General Equilibrium Asset Pricing Approach to the Measurement of Nominal and Real Bank Output. CRIW conference on Price Index Concepts & Measurement. Vancouver, 2004 (6) .

[52] Kazuhiko Ishida. Reference Rate and Negative Prices. 25thVoorburg Group Meeting, 2010.

[53] Kim Zieschang. FISIM and Risk. Meeting of the Task Force on Financial Intermediation Services Indirectly Measured, 2011 (7): 1 – 15.

[54] Leonidas Akritidis. Improving the Measurement of Banking Services in the UK National Accounts. Economic & Labour Market Review, 2007 (5): 1 – 9.

[55] Ludwig von Auer. Drobisch's Legacy to Price Statistics. Research Papers in Economics, 2010 (4): 1 – 23.

[56] Marshall Reinsdorf. Measurement of FISIM Volumes by Deflating Loans and Deposits. Meeting of the Task Force on Financial Intermediation Services Indirectly Measured (FISIM) New York, 2011 – 07 – 05.

[57] Marshall Reinsdorf. Measurement of FISIM Volumes by Deflating Loans and Deposits. ISWGNA Task Force on FISIM, 2011 (6): 1 – 18.

[58] M. Berger, K. Pegler. Mini – presentation for SPPIs on: ISIC 6419 Other Monetary Intermediation, presented at the 24th meeting of the Voorburg Group, Oslo 14 – 18 September, 2009 viewed on 03 February 2014. (http: //www4. statcan. ca/ English/voorburg/Documents/2009% 20Oslo/Papers/2009% 20 – %2023. pdf) .

[59] M. Davies. The Measurement of Financial Services in the National Accounts and the Financial Crisis, IFC Bulletin 33 (2010), 350 – 357.

[60] Olga Sirbu, Elena Cara. Methodological Aspects of Calculation of Financial Intermediation Services Indirectly Measured According to SNA – 2008. Procedia Economics and Finance, 2014 (10): 78 – 86.

[61] Paul den Boer. Choosing a Method for the Deflation of FISIM. IARIW International Association for Research in Income and Wealth Conference, 2012 (8): 1 – 20.

[62] Perry Francis . Treatment of risk in FISIM Calculations. 2nd Meeting of the Task Force On Financial Intermediation Services Indirectly Measured (FISIM), 2011 (3): 1 – 17.

[63] Philippon, T. , Reshef, A. An International Look at the Growth of Modern Finance. Econ, Perspect, 2013 (27): 73 – 96.

[64] Puntharik Supaarmorakul. Estimation of Financial Intermediation Services Indirectly Measured (FISIM): Thailand's Case. IFC Bulletin No 28, 2007: 1 – 18.

[65] P. Hill, The Services of Financial Intermediaries Revisited or FISIM Revisited, Australian Bureau of Statistics Paper Presented at the Working Party of National Accounts of the European Communities, June, 1996.

[66] P. Stauffer, A Tale of Two Worlds: How Bankers and National Accountants View Banking, Paper Prepared for the 28th General Conference of the International Association for Research in Income and Wealth, 2004. Viewed on 15 March 2014. (http://www. iariw. org/papers/2004/stauffer. pdf) .

[67] P. Supaarmorakul. Estimation of Financial Intermediation Services Indirectly Measured (FISIM): Thailand's case, IFC Bulletin, 2008 (28): 83 – 100.

[68] QNA Inventory The Netherlands. National and Regional Accounts. http://ec. europa. eu/eurostat/documents/24987/4253464/NL – QNA – Inventory – ESA95. pdf/f1157307 – cd09 – 4608 – 9760 – eac4c925a8d6, 2007: 1 – 41.

[69] Reinsdorf, M. B. , Measurement of Implicitly Priced Output of Commercial Banks in the US National Accounts. USA Bureau of Economic Analysis. Available at: http: //unstats. un. org/unsd/nationalaccount/RAmeetings/TFMar2011/PP12 – 1. PDF

[70] Roslyn Swick, Deanna Bathgate, Michael Horrigan. Services Producer Price Indices: Past, Present and Future. https: //www. bls. gov/advisory/fesacp1060906. pdf, 2006 (5): 1 – 83.

[71] R. B. Barman, G. P Samanta. Banking Services Price Index: An Exploratory Analysis for India. IFC Bulletin, 2004 (19): 110 – 124.

[72] Schreyer, P. A General Equilibrium Asset Approach to the Measurement of Nominal and Real Bank Output: Comment, 320 – 328 in Price Index Concepts and Measurement, W. E. Diewert, J. Greenlees and C. Hulten (eds.), Studies in Income and Wealth, Volume 70, Chicago: University of Chicago Press, 2009.

[73] Sealey, C. W. , Lindley, J. T. Inputs, Outputs, and a Theory of Production and Cost at Depository Financial Institutions. J. Financ, 1977 (32): 1251 – 1266.

[74] SH EBO NALISHEBO Balaclava, Mauritius. Exploring Administrative data Source for Calculating FISIM in ZAMBIA. Republic of Zambia Central Statistical Office, 2010 (11) .

[75] Singapore. Estimation and Allocation of Fisim in Singapore's National Accounts. Joint Oecd/Escap Meeting on National Accounts, 1993 System of National Accounts: Five Years On Bangkok, 1998 (5) .

[76] Statistics New Zealand. Financial Intermediation Services Indirectly Measured (FISIM) in the National Accounts. Available from www. stats. govt. nz. 2012: 1 – 18.

[77] S. Hagino, K. Sonoda. Treatment of Risk in the Estimation of FISIM, IFC Bulletin, 2010 (33): 334 – 338.

[78] The Cayman Islands' System of National Accounts 2006 – 2007. The Economics and Statistics Office Portfolio of Finance and Economics, 2009 (6) .

[79] Toru Ohmori. On Indirect Measurement Methods of Deposit and Loan Service Prices – Using Published Interest Rate Data to Measure Deposit and Loan Services Prices, and Problems with this Method. 18th Voorburg Group Meeting – Tokyo, Japan 6 – 10 October 2003.

[80] United Nations European Central Bank. Financial Production Flows and Stocks in the System of National Accounts. New York: United Nations, 2015.

[81] United Nations, Eurostat, International Monetary Fund, Organization for Economic Cooperation and Development and World Bank. System of National Accounts. New York: United Nations, 2008.

[82] Vanoli, A. A History of National Accounting. IOS Press, Amsterdam, 2005.

[83] William A. Barnett, Shu Wu. On User Costs of Risky Monetary Assets. Theoretical and Applied Economics, 2004 (6): 1 – 27.

[84] Yuji Onuki, Hideki Yamaguchi. Trial Estimation of Financial Intermediation Services Indirectly Measured (FISIM) in Japan. OECD National Accounts Expert Meeting, 2003, 10.

[85] Zieschang, K. Risk in FISIM. Meeting of the Task Force on Financial Intermediation Services Indirectly Measured (FISIM), 2011 – 07 – 05.

[86] "SNA 的修订与中国国民经济核算体系改革"课题组, 许宪春, 彭志龙, 董森. SNA 关于中央银行产出计算方法的修订与中国相应计算方法的改革研究 [J]. 2013 (10): 3 – 7.

[87] 曹小艳. 关于间接测算金融中介服务核算的国际比较 [J]. 统计与决策, 2008 (23): 7 – 9.

[88] 陈可. 金融核算理论中关于参考利率的确定方法 [J]. 统计与决策, 2009 (10): 4 – 7.

[89] 陈维义, 李凯, 张东光. 金融业总产出与可比价增加值核算探析 [J]. 统计研究, 2005 (1): 55 – 60.

[90] 杜治秀. FISIM 核算若干问题研究 [J]. 统计研究, 2017 (9): 90 – 99.

［91］杜治秀．金融衍生工具宏观经济核算及影响研究［D］．中国人民大学统计学院博士学位论文，2014．

［92］胡皓，韩兆洲．金融中介服务产出核算方法研究［J］．广东金融学院学报，2010（11）．

［93］贾小爱．间接测算的金融中介服务产出核算方法研究［D］．东北财经大学统计学院博士学位论文，2013．

［94］贾小爱．论 FISIM 的核算主体、客体与载体［J］．统计研究，2013（8）：32－38．

［95］蒋萍，贾小爱．FISIM 核算方法的演进与研究进展［J］．统计研究，2012（8）：58－64．

［96］李佩瑾，徐蔼婷．参考利率风险调整思路的比较与重构［J］．统计研究，2016（6）：102－112．

［97］联合国，世界银行，国际货币基金组织等．国民经济核算体系1993［M］．北京：中国统计出版社，1995．

［98］联合国统计处．国民经济核算体系1968［M］．北京：中国财政经济出版社，1982．

［99］刘丽萍．关于金融业产出核算的几个问题［EB/OL］．http：//www. stats. gov. cn/hsyjh/xsjl/hsll/t20091228＿ 402610484. htm，2009，12．

［100］史建平．金融中介服务核算问题探讨［J］．广东省经济管理干部学院学报，1999（3）：69－72．

［101］王智滨，陈春钱．金融核算具有特殊性吗［J］．统计研究，1994（3）：25－30．

［102］威廉·配第．赋税论献给英明人士货币略论［M］．北京：商务印书馆，1978：27－113．

［103］威廉·配第．政治算术［M］．北京：中国社会科学出版社，2010．

［104］魏名婷．浅析中国股票市场的投资收益［J］．商，2013（13）：176．

［105］吴勇男，陈钰．银行部门现价产出核算的方法论综述［J］．东北财

经大学学报，2008（1）：62－65.

［106］徐雄飞．中国间接计算金融中介服务产出核算的实践［A］．第十届NBS－OECD 国民经济核算研讨会，2006.

［107］许宪春．GDP 核算中金融媒介服务的处理方法［J］．统计与信息论坛，2002（7）.

［108］许宪春．发达的市场经济国家是如何实施1993 年SNA 的［J］．统计研究，2001（10）：3－10.

［109］许宪春．国际上国民经济核算新发展［J］．统计研究，2002（6）：45－47.

［110］亚当·斯密．国民财富的性质和原因的研究（上）［M］．北京：商务印书馆，1979：303－304。

［111］杨灿，曹小艳．FISIM 核算的理论进展与中国的实践［J］．统计与决策，2009（2）：11－13.

［112］杨灿，欧延瑜．金融核算理论问题研究（续篇）［J］．统计研究，2000（7）：20－26.

［113］杨灿，周国富．国民经济核算教程（国民经济统计学）［M］．北京：中国统计出版社，2015：3.

［114］杨灿．金融核算理论问题研究［J］．统计研究，1995（3）：13－18.

［115］杨缅昆，朱小斌．金融产出核算理论的重新思考［J］．统计研究，1999（6）：56－60.

［116］中国国民经济核算体系2016［M］．中华人民共和国国家统计局，2017.

后　记

本书是在 2015 年全国统计科学研究项目"FISIM 核算及影响研究"（项目编号：2015LZ34）研究报告的基础上补充修改而成。

感谢全国统计科学研究项目评审专家。由于"FISIM 核算及影响研究"的立项，我们得以步入 FISIM 核算研究领域，这是一个研究金融中介服务核算难得的机遇。在课题研究期间，我们收集和阅读了大量的英文文献，参加了多次内蒙古财经大学举办的相关学术讲座；参加了江西财经大学等国内其他高校举办、邱东教授主讲的"经济统计培训班"的培训；参加了第六届中国统计学年会等统计学年会；并在会上作了关于 FISIM 核算方面的报告，和与会专家学者进行了讨论；参加了西南财经大学中国社会经济统计中心举办、许宪春教授主讲的"国民经济统计"讲习班的培训。在倾听、讨论中，积累了许多宏观核算思维方法，进一步深化了对金融中介服务核算的认识。经过认真研究及向专家的请教学习，撰写了《FISIM 核算若干问题研究》《基于账户参考利率的 FISIM 对 GDP 与收入分配的影响研究》《FISIM 的参考利率核算方法及对中国 GDP 影响的实证研究》等论文发表于《管理世界》《统计研究》等期刊，为本书的写作奠定了基础。在此，谨向提供宝贵意见和建议的《统计研究》编辑部及外审专家们表示衷心感谢，向提供讲座学习机会的教授、专家表示感谢。此外，在本书写作过程中得到了很多朋友的宝贵建议，亦谨此一并致谢。

　　由于笔者能力有限，本书还有不足之处，真诚地希望读者给予指导和帮助，对本书的不足之处不吝赐教。

　　　　　　　　　　　　　　　　　　　　　　　杜治秀

　　　　　　　　　　　　　　　　　　　　　　　2019 年 7 月